Carola H. Payer

Die DOSIS macht das Gift

D1735623

Danke für

2 donata

Cardio Challenge

CrossFit Monstadt

Carola H. Payer

DIE DOSIS MACHT DAS GIFT

Wie Verhalten zum Geschenk oder zur Qual wird

IMPRESSUM

© SELF VERLAG, Rastbühelstraße 19, A-8075 Hart bei Graz

PAYER
UND
PARTNER
COACHING COMPANY

office@payerundpartner.at, www.payerundpartner.at

1. Auflage 2015

ISBN 978-3-9504074-0-2

Lektorat: Ulrike Krassnitzer, Mag. Gerhart Koiner
Schreibcoaching: Mag. Ursula Jungmeier-Scholz
Projektmanagement: Michael Seper
Umschlag und Satz: Andrea Malek, Malanda-Buchdesign, Graz
Druck & Bindung: Druckerei Theiss, St. Stefan im Lavanttal

Bildquellen: S. 26-27: Sergery Nivens - fotolia, S.58-59: vgajic - istock, S. 90-91: skynesher - istock, S. 122-123: pathdoc - fotolia
Autorenfoto: Nike Payer

Das SELF-Modell und die damit verbundenen Angebote und Produkte kommen bei der Begleitung von Organisationen, Führungskräften, Teams, Mitarbeitenden und Einzelpersonen zur Anwendung. Die Anwendung des Self-Modells im beschriebenen Kontext und aller im Buch enthaltenen Anwendungsbeispiele ist SELF-Spezialisten, die eine entsprechende Ausbildung absolviert haben, vorbehalten.

Nach den Rückmeldungen unserer LektorInnen , dass die gendergerechte Formulierung den Lesefluss stark beeinflusst, haben wir uns für die, noch meist bei Literatur übliche, klassische Schreibweise (Verzicht auf das zusätzliche Anführen von weiblichen Endungen) entschieden. Wir weisen aber darauf hin, dass sämtliche geschlechtsspezifischen Ausdrücke beidergeschlechtlich zu verstehen sind und wir es gewohnt sind, in unserem Berufsalltag gendergerecht zu formulieren.

Inhaltsverzeichnis

EINLEITUNG

„Die Dosis macht das Gift" ladet Sie zu einer spannenden Reise durch ihre eigenen Verhaltenstendenzen ein.

Verhalten zu reflektieren, verlangt viel psychologische, systemische und archetypische Kompetenz, sowie Selbstreflexion und Beobachtungsgabe. Damit werden wir in den meisten Ausbildungen aber nicht vertraut gemacht.

Wir haben im Rahmen unserer Coaching Prozesse Modelle entwickelt, dieses Thema unseren Zielgruppen leicht verständlich zu vermitteln – durch die Elemente Feuer, Erde, Wasser, Luft. Sie spiegeln genau wider, dass die richtige Dosis einer Energie Nutzen bringt, ein Zuviel aber Probleme oder Störungen. Feuer kann gut ein Süppchen zum Kochen bringen. Ein Zuviel an Feuer zerstört das Umfeld oder brennt einen selbst aus. Luft bringt ein leichtes Lüftchen oder trägt Samen weiter, ein Orkan hingegen reißt uns das Dach vom Haus. Wasser trägt oder verschlingt uns und Erde nährt, Muren zerstören Wald und Hof.

Das dem Buch zugrunde liegende SELF Modell integriert die Hypothese, dass die Persönlichkeit eines Menschen und sein Verhalten nach den vier Elementen aus der Natur beschrieben werden kann. Es eröffnet einen kreativen und informativen Raum für zahlreiche Reflexionen.

Viel Spaß und Erkenntnisse beim Lesen!

Ihre Carola H. Payer

WIE IHNEN DIESES BUCH NÜTZEN KANN

Miteinander zu reden reicht nicht aus, damit wir unsere Kommunikation als zufriedenstellend erleben – wir müssen einander auch verstehen. Der erste Schritt, andere verstehen zu können, beginnt jedoch immer bei uns selbst: mit dem Kennenlernen unseres ureigenen Wesens. Was macht mich glücklich, warum kränkt mich gerade die Kritik an meiner Arbeitsweise so besonders? Warum verachte ich Menschen, die sich nicht durchsetzen können – oder gerade diejenigen, die sich gerne in ihrer vollen Autorität präsentieren? Wenn ich den Freiheitsdrang meines Partners oder meiner Freundin so ungern akzeptiere – was sagt das über meine unbefriedigten Urbedürfnisse aus?

Ihr ganz persönlicher Weg, mit dem SELF Modell der Naturelemente Ihren Wesenskern zu entdecken und zu erforschen, hat bereits begonnen: mit dem Aufschlagen dieses Buches. Sie werden in Zukunft merken, dass Sie sich bewusster beobachten und mit der Zeit gelassener auf Situationen reagieren, die Sie früher als kritisch empfunden hätten. Oder dass Sie zumindest im Nachhinein darüber lachen können, wenn etwas schiefgegangen ist.

Lesen Sie dieses Buch,

- wenn Sie sich selbst besser verstehen möchten

- wenn Sie Ihr Charakterbild bewusst mitzeichnen wollen

- wenn Sie innere Balance suchen

- wenn Sie daran interessiert sind, wie Ihre Mitmenschen ticken

- wenn Sie den Grundkonflikt hinter aktuellen Auseinandersetzungen zu entschlüsseln versuchen

- wenn Sie eine Krise verstehen und ihr aktiv begegnen möchten

- wenn Sie in emotional aufgeladenen Situationen gelassener reagieren wollen

- wenn Sie ein Team leiten

- wenn Sie eine Leitungsfunktion übernehmen wollen

- wenn Sie innerhalb eines Teams mehr Verständnis für einander entwickeln möchten

- wenn Sie Bewerber für eine Funktion im Unternehmen auszuwählen haben

- wenn Sie auf der Suche nach einem Job sind, der Ihrem Naturell entspricht

DIE KOMMUNIKATION IN DER ARBEITSWELT VERÄNDERT SICH LAUFEND

Das vorliegende Buch über das SELF Modell der Naturelemente entstand als Essenz aus Erfahrungen, die in mehr als zwei Jahrzehnten Arbeit mit Teams und Unternehmen gewonnen wurden. Die Palette der beratenen Organisationen und Gruppen reichte von produzierenden Industriebetrieben über Finanzdienstleister und IT-Startups bis hin zum Yogazentrum. Dabei zeigte sich, dass in Unternehmen und Arbeitsgruppen oftmals vor allem starkes Augenmerk auf Strukturen und Prozesse gelegt wurde. Wie kann die Produktion verbessert werden, wer muss in welche Entscheidungen eingebunden werden, welche Abteilung ist welcher übergeordnet? Das Ziel all dieser Überlegungen lautete: größtmögliche Effizienz in administrativen und produktiven Abläufen.

Worauf jedoch erst in den vergangenen Jahren, in Zeiten stärkerer Dynamik und zunehmender Komplexität, verstärkt geachtet wird, ist die Effizienz im Bereich der Kommunikation und Kooperation.

Um im Beruf erfolgreich zu sein, reicht es nämlich längst nicht mehr, sich zu engagieren. In unserer aktuellen Arbeitswelt, die sich durch zunehmenden Verdrängungswettbewerb, aber auch durch neue kommunikative Möglichkeiten rasant verändert, wird von allen Akteuren große Flexibilität verlangt. Egal, ob Sie als Führungskraft oder Teammitglied tätig sind – Sie müssen nicht nur handeln, sondern auch bereit sein, Ihr Handeln zu reflektieren, um es neuen Gegebenheiten anpassen zu können. Damit auf der Klaviatur Ihrer Persönlichkeit harmonische Akkorde erklingen können, sollten Sie über die Einzeltöne und Ihr Zusammenspiel Bescheid wissen. Aber auch, um Teams zusammenstellen zu können, die ihre Aufgaben optimal erfüllen – und das bei maximaler Arbeitszufriedenheit des einzelnen – ist viel Wissen über Persönlichkeit und große soziale Kompetenz vonnöten. Unternehmen, die sich am Markt durchsetzen, investieren daher in den letzten Jahren vermehrt in die Social Skills ihrer Belegschaft und nehmen die Verschiedenheit ihrer Beschäftigten zunehmend als Ressource wahr. Teams, die sich aus sehr unterschiedlichen Persönlichkeiten zusammensetzen, ermöglichen zahlreiche Perspektiven auf eine Herausforderung und finden vielfältige Lösungsansätze. Derartige Gruppen zu leiten stellt allerdings eine eigene Herausforderung dar. Jeder bringt sich auf eine andere Art und Weise ein und reagiert unterschiedlich auf Veränderungsprozesse, Kritik oder Arbeitsspitzen. Die Reibung, die durch Differenzen zwischen den unterschiedlichen Persönlichkeiten entsteht, muss jedoch nicht gleich zur Überhitzung des Systems führen. Bewusst eingesetzt bringt sie die Perlen Ihrer Mitarbeiter zum Glänzen. Ein gelungenes Diversity Management nutzt die Stärken jeder Einzelperson und gleicht mögliche Schwächen aus. Wobei unter Diversity beileibe nicht nur kulturelle Eigenheiten fallen, sondern auch die simple Tatsache, dass jeder Mensch die Welt mit anderen Augen sieht.

Verfügen Sie als Führungskraft über die Analyse- und Handlungsmöglichkeiten, die Ihnen das SELF Modell der Naturelemente bietet, können Sie auf die unterschiedlichsten Bedürfnisse Ihrer Mitarbeiter eingehen und sie dort abholen, wo sie stehen. Nutzen Sie als Teil des Teams das Wissen des SELF Modells der Naturelemente, können Sie Ihre Bedürfnisse deutlicher artikulieren und genauer auf sich selbst und andere Gruppenmitglieder achten, aber auch das Verhalten von Führungskräften differenzierter beurteilen. In jedem Fall profitieren Sie vom Werkzeug, mit Hilfe der vier Elemente sämtliche Persönlichkeitsanteile sichtbar machen zu können. Sie erfassen damit Verhaltenstendenzen – ohne jedoch Menschen zu „schubladisieren".

WIE SIE DIESES BUCH BENÜTZEN KÖNNEN

Was Sie die vier Elemente in diesem Buch über Ihren eigenen Charakter lehren, dient einerseits dem Selbstcoaching, schärft aber gleichzeitig auch Ihre Wahrnehmungsfähigkeit für die Persönlichkeiten in Ihrer Umgebung. Dadurch lernen Sie, mit unterschiedlichen Menschen besser zurecht zu kommen, aber auch die verschiedenen Herangehensweisen und deren Potenziale zu schätzen. Sie verstehen plötzlich, warum manche Menschen sich überwiegend auf eine bestimmte Weise verhalten. Derartige Einsichten wiederum verändern Ihr eigenes Verhalten.

Egal, ob Sie sich mit einem entscheidungsmüden Chef oder einer allzu leistungsorientierten Mutter auseinandersetzen müssen: Sind Sie mit sich selbst im Reinen oder nehmen zumindest ihre eigenen Schwachpunkte achtsam wahr, werden Sie unangenehme oder unbefriedigende zwischenmenschliche Situationen anders deuten und besser damit umgehen können. Wie sehr hat Ihre latente Unzufriedenheit oder spontane Wut wirklich mit Ihnen zu tun – oder wie viel mit Ihrem Gegenüber? Die Fähigkeit, diesen Unterschied wahrzunehmen, macht Sie wesentlich entspannter im Umgang mit schwierigen Situationen, egal ob im privaten oder beruflichen Bereich.

Stehen Sie vor der Aufgabe, ein Team zu führen, empfiehlt sich ebenfalls eine bewusste Arbeit mit den vier Elementen. Selbst wenn Ihr Führungsstil immer ein individueller bleiben wird, sollten Sie dabei stets alle vier Grundqualitäten ausgewogen einsetzen: Stärke zeigen (Feuer), Visionen entwickeln (Luft), verlässlich agieren (Erde) und die emotionalen Bedürfnisse der Gruppe und ihrer Mitglieder im Auge behalten (Wasser).

DIE VIER ELEMENTE MACHEN PERSÖNLICHKEITSANTEILE SICHTBAR

Dieses Buch zeigt Ihnen in lösungs- und handlungsorientierter Weise, wie die vier Elemente Feuer, Luft, Wasser und Erde dazu genutzt werden können, Anteile Ihrer Persönlichkeit sichtbar zu machen und zu analysieren. Jeder Mensch verfügt über Feuer-, Luft-, Wasser- und Erdanteile, und alle vier spielen eine wichtige Rolle in seiner Persönlichkeit. Der Unterschied zwischen den Individuen besteht lediglich in der Gewichtung der Elemente und ihrer Art der Ausprägung. Dadurch zeigt sich Ihr Charakter, aber auch, wo in Ihrer Persönlichkeit eventuell etwas aus dem Gleichgewicht geraten ist. Dies kann durch rigide Erziehung, traumatische Erfahrungen oder die Normen Ihrer Umgebung geschehen sein, die Ihren individuellen Anlagen und Bedürfnissen widersprechen.

Grundsätzlich kann jedes Element in einer reifen oder unreifen Form gelebt werde. Die reife, auch als „erlöst" bezeichnete Form eines Elementes kennzeichnet sich dadurch, dass die positiven Qualitäten des Elementes sichtbar werden. Der betroffene Mensch hat einen entspannten, konfliktfreien Zugang zu dieser Facette seines Charakters und zeigt sie offen. Sowohl derjenige selbst als auch sein Umfeld bekommen die positive Energie des Elementes zu spüren.

Die unreife oder unerlöste Form, ein Element zu leben, weist – egal in welcher Ausprägung – auf ein angespanntes Verhältnis zu diesen Persönlichkeitsanteilen hin. Die Reaktion auf den Konflikt kann dabei jedoch vollkommen unterschiedlich aussehen: Entweder wird der Persönlichkeitsanteil verdrängt und gar nicht ausgelebt. Verdrängtes, Gehemmtes kann aber auch auf eine andere Ebene verschoben werden und in Form einer Kompensation zu Tage treten. Dann lebt man die Qualität des Elementes vielleicht nur in symbolischer Form aus – beispielsweise in Form einer Krankheit. Auch die Projektion gehört zur Verdrängung: Ungeliebte Persönlichkeitsanteile werden auf andere Menschen projiziert, um sie am Gegenüber ungebremst kritisieren zu können.

Ungeliebte Persönlichkeitsanteile werden auf andere Menschen projiziert, um sie am Gegenüber ungebremst kritisieren zu können.

Neben diesen Varianten der Verdrängung gibt es auch noch die Möglichkeit, dass Menschen die Flucht nach vorne antreten und ihr problematisches Element besonders dominant ausleben. Aus Angst, ihren Mangel einzugestehen, agieren sie dann aus der Überfülle. Das klassische Beispiel dafür sind Persönlichkeiten mit einem Mangel an Feuer, der sie eigentlich führungsschwach macht, die sich dann aber als Führungskraft besonders hart und unerbittlich zeigen.

Überhaupt lässt sich gerade am Element Feuer sehr anschaulich demonstrieren, wie unterschiedlich sich ein und dasselbe Element im Charakter ausdrücken kann:

In seiner erlösten, erwachsenen Form trägt Feuer dazu bei, dass Sie anderen auf Augenhöhe begegnen, selbstbewusst agieren und Ihre Wünsche klar und deutlich äußern. Sie erledigen Ihre Aufgaben zielstrebig und verfügen über das Charisma einer Führungspersönlichkeit.

Gerät das Feuer aus dem Gleichgewicht, reagieren Sie möglicherweise mit Verdrängung: Die Prägung durch Ihren dominanten Vater kann dazu führen, dass Sie sich zurückziehen oder schüchtern und introvertiert werden. Oder Sie kompensieren Ihr schwaches Feuer, indem Sie Ihre Mitmenschen unterdrücken und auf sie herabsehen – obwohl Sie sich eigentlich selbst so furchtbar klein fühlen. Unerlöstes Feuer kann sich im Beruf zeigen, durch Dominanz über andere, aber auch durch eine Verschiebung in einen anderen Bereich: Weil Sie nicht für sich selbst eintreten können, setzen Sie sich besonders für Arme und Hilfsbedürftige ein. Auch Projektion ist ein Weg, unerlöstes Feuer auszuleben. Entweder werten Sie Menschen mit viel Feuer ab oder Sie ziehen sie geradezu magisch an. Dann delegieren Sie Ihre Aufgabe, Stärke zu zeigen, an sie. Eine weitere Variante besteht darin, über äußere Symbole wie PS-starke Autos, prunkvollen Schmuck oder ein protziges Eigenheim Feuer zu demonstrieren und damit von Ihrem eigentlichen Mangel abzulenken. Schließlich bleibt Ihnen auch noch die Möglichkeit, nicht erwachsenes Feuer über typische psychosomatische Erkrankungen – wie Migräne – auszuleben.

Ein Übermaß an einem Element geht meist mit schwacher Ausprägung eines anderen einher. Die Fülle kompensiert den Mangel: Wer über viel Feuer verfügt, tatendurstig voranschreitet und rasch klare Entscheidungen treffen kann, dem fehlt es manchmal an Wasser-Qualitäten, die auch die Dynamik zwischenmenschlicher Beziehungen berücksichtigen. Eine Dominanz der Erdanteile wiederum macht Sie zu einem gewissenhaften Mitmenschen oder einer verlässlichen Partnerin. Allerdings bleiben Sie leicht im Althergebrachten verhaftet und reagieren unflexibel. Dringt ein bisschen Luft in Ihre feste Erde, lernen Sie, sich leichter auf Neues einzustellen, sowie visionär und unvoreingenommen zu denken.

Nicht nur das bunte Bild einer einzelnen Persönlichkeit lässt sich nach den Qualitäten der vier Elemente beschreiben. Auf diese Weise können auch Teambilder erstellt oder die Unternehmenskultur einer Organisation sichtbar gemacht werden. Denn Schwierigkeiten wurzeln so gut wie nie in einer Einzelperson, sondern drücken stets ein Ungleichgewicht im System aus. So reicht es nicht, aus einem dysfunktionalen Team den offensichtlichen Störenfried zu entlassen. Rasch wird jemand anderer dessen Rolle übernehmen; das Problem ist also nicht gelöst, sondern nur vertagt worden.

VERSTEHEN IST DER ERSTE SCHRITT ZUM VERBESSERN

Die Auseinandersetzung mit der eigenen Person und eine geschärfte Wahrnehmung der innerpsychischen Prozesse stehen am Beginn der neuen Erkenntnis. Dieses Buch ermöglicht Ihnen, blinde Flecken Ihrer Persönlichkeit zu entdecken, unerwartete Stärken sichtbar zu machen und Entwicklungschancen zu nutzen. Es lässt Sie die Ursachen für symptomatisches Verhalten nach außen, beispielsweise in Form von Aggressionsausbrüchen, oder nach innen, in Form von psychosomatischen Erkrankungen, identifizieren.

Ob Sie zu erdgebunden sind, Ihr Feuer nur auf Sparflamme brennt oder dominante Luftanteile Ihr Leben ständig in Schwebe halten: Der erste Schritt, Ihre Persönlichkeit in Balance zu bringen, führt über das Verstehen. Warum sind Sie so geworden? Warum halten Sie an ungeliebten Persönlichkeitsanteilen immer noch fest? Denn auch das scheinbar Unnötige, Unangenehme erfüllt seine Rolle und trägt zur Stabilisierung eines Systems bei.

Dem Zustand der Ausgeglichenheit, Zufriedenheit, Gesundheit und inneren Harmonie kommen Sie näher.

Sobald Ihnen der Entwicklungsraum der vier Elemente in der Persönlichkeitsentfaltung vertraut ist, werden Sie entdecken, welchen Anteil dieses Raumes Sie noch ausfüllen wollen, oder wo Sie sich zurücknehmen möchten. Dem Zustand der Ausgeglichenheit, Zufriedenheit, Gesundheit und inneren Harmonie kommen Sie näher, wenn Sie sich mit jeder der vier Komponenten in Ihrem Charakter auseinandergesetzt und versöhnt haben. Die Grundtendenz ihrer Elementmischung wird natürlich erhalten bleiben, aber Sie werden sich zusätzliche Kraftquellen oder Inseln der Ruhe erschließen können.

Wer beispielsweise über viel Feuer verfügt, wird bei Präsentationen vor Publikum immer eine große Show abziehen, laut sprechen und dramatische Gestik einsetzen. Menschen mit hohem Wasseranteil hingegen punkten bei öffentlichen Reden mit emotionsgeladenen Geschichten, die das Gesagte über die Gefühlsebene im Gedächtnis der Zuhörenden verankern. Der eine muss erst lernen, auch die Stimmung in der Menschenmenge wahrzunehmen und auf aktuelle Bedürfnisse der Zuhörerschaft einzugehen. Die andere hingegen steht vor der Aufgabe, ihre Stimme zu trainieren, sowie stabil und selbstsicher auf beiden Beinen zu stehen. Am Ende ihrer Entwicklung verfügen beide über die Fähigkeit, selbstbewusst vor einer Menschenmenge aufzutreten und gleichzeitig die Stimmung der Masse zu lenken; jeder aber auf seine spezielle Art.

Die vier Elemente in Balance zu bringen heißt also nicht, einen idealtypischen Einheitsmenschen zu schaffen. Alle dürfen und sollen ihre individuelle Note behalten, indem sie ihre ureigenen Stärken einsetzen aber anderseits auch ihre Schwächen auszutarieren vermögen.

Je nach Persönlichkeitsstruktur benötigen unterschiedliche Menschen völlig konträre Rahmenbedingungen, um ihre persönliche Bestleistung erbringen zu können. Manche bevorzugen klare Strukturen, andere brauchen viel Handlungsspielraum. Funktionierende Kooperation setzt aber nicht voraus, dass nur gleich gestrickte Menschen miteinander arbeiten – im Gegenteil: Da würden dem Team wesentliche Potenziale entstehen. Vielmehr geht es darum, ein Bewusstsein für die unterschiedlichen Begabungen und innerpsychischen Ressourcen zu schaffen.

Im Idealfall integriert auch eine sehr Feuer-dominierte und zielorientierte Führungskraft ihren beziehungsfokussierten Mitarbeiter mit hohen Wasseranteilen erfolgreich in ihr Team. Sie profitiert sogar von seiner Eigenart und kann sie wertschätzen, selbst wenn sie ihrem Wesen fremd ist.

Optimierte Formen der Kommunikation und der Rollenverteilung in Arbeitsgruppen verschaffen Unternehmen Marktvorteile. Der wirtschaftliche Erfolg basiert nicht nur auf sachlich richtigen Entscheidungen, reibungslosen Produktionsprozessen und Kundenorientierung. Auch ein wertschätzender Umgang aller Führungskräfte, Beschäftigten und Kunden miteinander trägt wesentlich dazu bei. Motivierte Mitarbeiter leisten mehr, schaffen aber auch ein Arbeitsklima, das wiederum begabte und sozial kompetente Bewerber anzieht.

Dieses Buch kann daher nicht nur der persönlichen Weiterentwicklung dienen, sondern auch im Bereich der Team- und Organisationsentwicklung erfolgreich eingesetzt werden. Sowohl Führungskräfte als auch Berufsneulinge können mit diesem Wissen leichter ihre Position in der Gruppe finden oder nachjustieren.

WARUM GERADE DIE VIER ELEMENTE ALS BASIS DIENEN

Die Suche nach den Urstoffen, aus denen das Universum geschaffen wurde, ist Jahrtausende alt. Thales von Milet, ein griechischer Philosoph, der um 600 vor Christi Geburt lebte, stellte die These auf, das Wasser sei der Urstoff, aus dem alles Übrige entstünde. Anaximenes, ebenfalls aus Milet, erklärte im sechsten vorchristlichen Jahrhundert die Luft zum Urstoff alles Seienden. Hingegen befand Heraklith, das Urelement müsse das Feuer sein, weil sich das Universum ebenso wie das Feuer in einem ständigen Wandel befinde.

Der griechische Naturphilosoph Empedokles schließlich postulierte vier Urelemente, die er als Götter darstellte, und schrieb ihnen jeweils typische Eigenschaften zu. Bereits in seiner Theorie enthalten alle Stoffe jeweils einen bestimmten Anteil an den Elementen. Platon und Aristoteles griffen den Ansatz der vier Elemente auf, wobei Aristoteles den Äther als fünftes Element (Quintessenz) einführte.

Sie fragen sich jetzt vielleicht: Wie kann die Natur mit ihren vier Elementen Ihr ureigenes Wesen und Ihre Persönlichkeitsanteile beschreiben? Was kann sie zu Ihrer persönlichen Entwicklung und zu Ihrem wirtschaftlichen Erfolg beitragen?

Das SELF Modell der Naturelemente ermöglicht es, die Theorie der Persönlichkeitsanteile allgemein verständlich und auch intuitiv nachvollziehbar darzustellen. Es greift auf einen gemeinsamen Erfahrungsschatz aller Menschen zurück – denn wir alle leben inmitten dieser vier Elemente, sind mit ihnen vertraut und kennen ihre Wechselwirkungen. Was wir über sie an Erkenntnis gewinnen, erfassen wir nicht nur mit dem Verstand, sondern auch über unsere emotionale Intelligenz.

Die Sprache ist der größte und älteste Erinnerungsspeicher, auf den die Menschheit zurückgreifen kann. Und sie verrät uns, wie tief die Bilderwelt der vier Elemente in uns verwurzelt ist; in ihr materialisieren sich die Elemente sozusagen. Unter einem erdigen Typen, einem Luftikus, sowie unter einer feurigen Persönlichkeit, können wir uns sofort jemanden vorstellen. Diese gemeinsame Erfahrungswelt ermöglicht es auch, uns in Gruppen mit Hilfe des SELF Modells der Naturelemente über Persönlichkeitsanteile und deren Auswirkungen auf zwischenmenschliche Beziehungen auszutauschen. Das Coaching greift genau darauf zurück: Bekanntes wird auf ein neu zu bearbeitendes Gebiet übertragen. Den verwendeten Bildern liegt eine objektive Essenz zu Grunde, eine Art Wesenskern, auf den sich das SELF Modell der Naturelemente bezieht. Die einzige Voraussetzung, die erfüllt werden muss um mit dem Modell arbeiten zu können, ist die Bereitschaft, in diese Bilderwelt einzutauchen.

ÜBERBLICK GEWINNEN DURCH ORDNUNG

Das menschliche Bedürfnis, durch Ordnung und Klassifizierung Überblick über komplexe Phänomene zu erlangen, ist elementar. Versuche, Persönlichkeitsmerkmale in Gruppen einzuteilen, sind bereits seit der Antike belegt.

Auch in anderen Kontexten findet sich die Zahl vier quer durch alle Jahrhunderte als Einteilungsmuster immer wieder: Vier Himmelsrichtungen, vier Jahreszeiten, aber auch die vier Evangelisten des Neuen Testaments sind uns vertraut. Sogar in der Eucharistie finden sich die vier Elemente: Das Feuer im Kerzenlicht, die Luft im Weihrauch, das Wasser im Messwein oder Blut Christi, sowie die Erde im Brot oder Leib Christi.

Im zweiten Jahrhundert nach Christus griff der griechische Arzt und Anatom Galenos von Pergamon die Vier-Elemente-Lehre der Alten Griechen auf, sowie die daraus entstandene Vier-Säfte-Lehre von Blut, Schleim, gelber und schwarzer Galle und ordnete sie vier Temperamenten zu. Blut galt als Saft der heiteren Sanguiniker, Schleim als jener der trägen Phlegmatiker. Die schwarze Galle wurde den schwermütigen Melancholikern zugeschrieben und die gelbe den aufbrausenden Cholerikern.

Heute wird die Temperamentenlehre als überholt angesehen, doch über viele Jahrhunderte diente sie als anerkannte Klassifizierung der Charaktere. Sogar in die Literatur hat sie mit Johann Nepomuk Nestroys Posse „Das Haus der Temperamente" Einzug gehalten.

Vier-Typen-Modelle kennt auch die moderne Psychologie:

Carl Gustav Jung entwickelte 1921 ein System zur Einteilung von Charakteren nach vier Funktionen: Denken, Fühlen, Intuition und Empfinden, wobei sich diese vier Komponenten jeweils in introvertierter oder extravertierter Form manifestieren können.

Daraus wiederum gestalteten Isabel Myers und Katharine Briggs den Myers-Briggs-Typenindikator, der vor allem in den USA eingesetzt wird, bevorzugt im Bereich des Coachings und des Personalwesens von Unternehmen.

Im DISC-Modell (deutsch: DISG) von William Marston aus dem Jahr 1928 werden Persönlichkeitsanteile nach den vier Komponenten dominance, inducement, submission und compliance (auf Deutsch: Dominanz, Initiative, Stetigkeit und Gewissenhaftigkeit) diversifiziert. Daraus wurden Persönlichkeitstests entwickelt, die noch heute Verwendung finden.

1978 verfeinerte der US-amerikanische Psychologe David Keirsey die Modelle von Jung sowie Myers und Briggs Modell zum Keirsey Temperament Sorter, einem Testverfahren, das Menschen in vier Basistemperamente mit jeweils vier Subtemperamenten einteilt.

Im deutschsprachigen Raum verbreiteter ist das Insights MDI-Modell, das in seinen Testverfahren die vier Merkmale Werte, Verhalten, Kompetenz und Emotionale Intelligenz analysiert.

Der Wirtschaftswissenschafter Fritz Hendrich griff im Jahr 2002 in seinem Buch „Die vier Energien der Führung: Menschenführung mit der Kraft der Elemente" wieder einmal sowohl auf die Urstoffe als auch auf die Zahl vier zurück.

WAS DAS SELF MODELL DER NATURELEMENTE VON ANDEREN UNTERSCHEIDET

Die viergliedrige Klassifizierung von Persönlichkeiten blickt also auf eine reichhaltige Tradition zurück. Was aber das SELF Modell der Naturelemente von all diesen Systemen grundlegend unterscheidet, ist, dass hier keine starre Typisierung vorgenommen wird. Kein Mensch ist ein Feuer- oder Wassertyp! Vielmehr tragen alle Individuen Anteile sämtlicher Qualitäten in sich, bloß in unterschiedlichen Nuancen. In diversen Kontexten – im Job, in der Familie oder in einer Liebesbeziehung – leben Menschen ihre Qualitäten jeweils in anderer Intensität oder Form aus. Firmenbosse ordnen sich daheim der Schlüsselgewalt ihrer Frau unter, Universitätsprofessorinnen agieren als Mütter emotional und beziehungsorientiert, während sie im Berufsalltag auf Dominanz setzen. Sämtliche Kombinationen sind denkbar, wenn auch einige Situationen häufiger auftreten.

Außerdem basiert das SELF Modell der Naturelemente auf dem Grundgedanken der Entwicklungsmöglichkeit. Zwar gibt uns unsere genetische Veranlagung einen bestimmten Kartensatz. Wie wir unser Blatt jedoch aufdecken und ausspielen, entscheiden wir selbst.

Beim Entwickeln der Qualitäten aller vier Elemente geht es vor allem darum, von jeder Qualität die richtige Dosis zu finden.

Ist ein Element zunächst zu schwach oder nur in einer unerlösten, nicht erwachsenen Form vorhanden, kann es in jedem Lebensalter neu entfaltet werden. Sogar destruktive Arten weisen auf ein positives Potenzial hin, das es zu kultivieren gilt. Im Idealfall zeigen sich im Verhalten eines

Menschen Aspekte aller vier Elemente in einer befreiten, erwachsenen Form.

Bei richtiger Dosierung wird die Qualität eines Elementes in erwachsener oder erlöster Form gelebt. Ein Übermaß oder Mangel wird als nicht erwachsene oder unerlöste Form bezeichnet. Der Mangel an einem Element lässt sich dadurch ausgleichen, dass spezielle Verhaltensweisen oder Denkmuster trainiert werden. Beim Übermaß reicht die Palette von alltagsüblichen, aber nicht zum Erfolg führenden Verhaltensweisen bis hin zu eindeutig pathologischen Reaktionen. Entsprechend vielfältig sind auch die Coaching-Ansätze zur Reduzierung des Übermaßes.

Bei richtiger Dosierung wird die Qualität eines Elementes in erwachsener oder erlöster Form gelebt.

Bestehen Mängel, können wir darauf reagieren und uns entwickeln, allerdings nur dann, wenn dessen Existenz und Veränderbarkeit uns bewusst ist. Dann sind wir in der Lage, über Andersartiges staunen zu können, ohne zu bewerten und unseren Mitmenschen offen zu begegnen, aber auch die Dynamik einer Gruppe zu verstehen.

Das SELF Modell der Naturelemente trägt dazu bei, dass Sie die in Ihnen verborgenen Schätze kennen lernen und fördern können. Oder einfach einmal die Perspektive wechseln, wenn Sie in einem Bereich Ihres Lebens unzufrieden sind. Wer als Führungskraft oder Vater nur aus der Position der Erde über einen Luft-dominierten Mitarbeiter oder eine scheinbar verträumte Tochter urteilt, wird die positive Kraft von deren Träumen nicht erkennen können. Mit dem Entdecken der bisher verborgenen eigenen Luft-Anteile kann es jedoch gelingen, das Visionäre zu verstehen und schätzen zu lernen. Man muss ja nicht gleich selbst abheben dabei. Denn es geht bei der Arbeit nach dem SELF Modell der Naturelemente nicht darum, sich zu verbiegen, sondern lediglich darum, Vorhandenes zu reflektieren und auszubalancieren. In all Ihrem Handeln sollten Sie stets authentisch bleiben und in engen Beziehungen offen und wahrhaftig agieren.

Authentisches Agieren macht kritikfähiger. Eine Führungskraft, die sich der eigenen Schwächen bewusst ist und die eigenen Untugenden konstruktiv anzunehmen gelernt hat, fühlt sich selbst durch ein kritisches Feedback nicht gleich in ihren Grundfesten erschüttert und bleibt dadurch auch in heiklen Situationen handlungsfähig.

Das SELF Modell der Naturelemente verknüpft moderne systemische Ansätze mit dem traditionellen archetypischen Wissen. Es arbeitet bei der Beschreibung der jeweiligen Qualitäten eines Elements mit Urbildern und Symbolen, die vielen vertraut sind und auf die stets zurückgegriffen wird, wenn große Emotionen geweckt werden sollen: In Hollywood ebenso wie in der Werbebranche. Wer beispielsweise sein inneres Feuer entwickelt, stärkt dabei, bildlich gesprochen, die Königin oder den König in seiner Persönlichkeit.

Der archetypische Ansatz fußt einerseits auf der Typologie C.G. Jungs, aber auch auf neueren Betrachtungen zu den Urformen der Persönlichkeit wie jenen der US-amerikanischen Kulturanthropologin Angeles Arrien, der Begründerin des Modells des vierfachen Weges aus den frühen 1990er-Jahren. Arrien arbeitet mit vier Archetypen, nämlich dem Krieger, dem Seher, dem Heiler und dem Lehrer. Ihnen werden ähnlich wie beim SELF Modell der Naturelemente jeweils bestimmte Eigenschaften und Charaktermerkmale zugesprochen.

Lange Zeit galt es als unschick, auf intuitives Wissen im Allgemeinen und auf derartige Urbilder im Besonderen zurückzugreifen. Derzeit erlebt die Wertschätzung von traditionellen Methoden jedoch wieder einen Aufschwung und viele Menschen verspüren das Bedürfnis, sich altes Wissen neu anzueignen – auch zum Lösen moderner Probleme.

Das SELF Modell der Naturelemente arbeitet nicht nur mit Archetypen, sondern behält das gesamte System in dem Sie leben und agieren im Auge. Als Familienmitglied, Liebespartner oder Mitarbeiterin verhalten Sie sich stets abhängig von den Beziehungsstrukturen, in denen sie leben. Daher müssen bei einer eingehenden Analyse immer sämtliche Kommunikationspartner mit betrachtet werden.

Aus der Erkenntnis über die Verteilung der Elemente in Ihrer Persönlichkeit lässt sich erklären, wie Ihre Wahrnehmung gesteuert wird, warum Sie in bestimmten Situationen immer gleichartig reagieren oder wie Sie sich in Beziehungen verhalten. Es zeigt sich sozusagen ein Qualitätsstrickmuster in Ihnen, das Sie dann aus der Perspektive Ihres neu gewonnen Wissens variieren können.

Dieses Buch kann Ihnen als Anleitung zur Bestandsaufnahme Ihres derzeitigen Qualitätsstrickmusters und als Handlungsanweisung für gewünschte Veränderungen dienen (siehe „Das innere Feuer, Wasser etc. entwickeln" oder „Die Herausforderungen der Luft oder Erde").

Bevorzugen Sie allerdings eine genauere Analyse, empfiehlt es sich, zusätzlich Ihr individuelles SELF Persönlichkeitsportrait erstellen zu lassen, das auf dem SELF Modell der Naturelemente basiert und zwischen Ihrem natürlichen Verhalten und dem anerzogenen oder gelernten Rollenverhalten differenziert. Dieses Persönlichkeitsportrait wird via Internet erstellt; Zugangsdaten können unter **www.payerundpartner.at** oder **office@payerundpartner.at** angefordert werden.

„Ohne Feuer

rennt nichts!"

Feuer

Eigenschaften: heiß, rot, wärmend, verzehrend, zerstörend ...

Wirkung: Feuer lodert, leuchtet, sprüht Funken, breitet sich aus, hinterlässt nur Asche ...

Sprüche und Redensarten:

Mancher Mensch
hat ein großes Feuer in seiner Seele,
und niemand kommt,
um sich daran zu wärmen.

Vincent van Gogh

Dir mache ich
noch Feuer
unter dem Hintern!

Nur wer selbst brennt,
kann Feuer in anderen entfachen.

Aurelius Augustinus

Zum Weiterdenken:

Was kennzeichnet für Sie einen Menschen mit viel Feuer?

Welche Berufe passen aus Ihrer Sicht gut zu Feuer-Persönlichkeiten?

Was schätzen Sie an Menschen mit viel Feuer?

Warum hüten Sie sich vor feurigen Typen?

DAS ELEMENT FEUER IM MENSCHLICHEN CHARAKTER

Feuer brennt in **ständiger Bewegung nach oben**, verändert laufend seine Form und flackert schnell und dynamisch. Es spendet Licht und gibt gleichzeitig Wärme ab. Wie jedes Naturelement hat auch das Feuer eine positive und eine negative Seite. Je nach Intensität verbreitet es Behaglichkeit oder Zerstörung: Am Kaminfeuer wärmen sich die Frierenden, am Lagerfeuer werden Würstel gebraten und Streiche ausgeheckt. Brennt jedoch der Heustadel oder das Wohnhaus, hilft nur viel Löschwasser – oder es bleibt lediglich Asche zurück. Beim Brennmaterial kennen die Flammen keine Gnade. Alles Vorhandene wird restlos verbraucht. Feuer wirkt so stark, dass es stets in Grenzen gehalten werden muss.

Ähnlich lässt sich ein **feuriger Charakter** beschreiben: Menschen mit einem lodernden inneren Feuer sind dynamische Persönlichkeiten. Sie treffen ihre Entscheidungen schnell und handeln auch sofort. Herausforderungen treten sie nicht nur mutig entgegen; sie brauchen sie sogar. Aussagen oder Meinungen anderer stellen sie gerne in Frage, ihre eigenen eher nicht – zumindest nicht aus freien Stücken. Sie treten **enthusiastisch, selbstbewusst** und **entschlossen** auf und können ihr Umfeld dadurch gut beeinflussen und motivieren.

> *Menschen mit einem lodernden inneren Feuer sind dynamische Persönlichkeiten.*

Das innere Feuer hat aber auch seine Schattenseiten. Feuer-dominierte Menschen sind oft schlechte Zuhörer und müssen erst lernen, mit kritischem Feedback umzugehen. Zu leicht verletzt es ihre Eitelkeit. Haben sie jedoch gelernt mit Kritik umzugehen, tun sie das rasch und lösungsorientiert. Sie handeln oftmals, ohne die Reaktionen anderer auf ihre Vorschläge abzuwarten. Mit Kleinigkeiten geben sie sich erst gar nicht ab und wirken dadurch gerade auf emotionalere Menschen mit hohen Wasser-Qualitäten unsensibel. In ihrem Enthusiasmus und bei ihrem Arbeitstempo übersehen Menschen mit viel Feuer auch gerne die Risiken ihres Tuns und bringen dadurch sich und andere – oder das Projektergebnis – in Gefahr. Menschen mit viel innerem Feuer stellen an sich und ihre Team-Mitglieder gnadenlos hohe Ansprüche und ecken damit durchaus auch an. Stets wollen sie die Steuerung übernehmen. Daher fügen sie sich am besten in Teams ein, die sie selbst leiten. Aus der Führungsrolle heraus gelingt es ihnen auch hervorragend, ihre **Mitarbeiter zu motivieren**. Schwierigkeiten entstehen vielmehr aus ihrer Neigung, jene Menschen, mit denen sie zusammenarbeiten, zu überfordern und damit zu „verheizen". In erster Linie jedoch verheizen sie sich selbst. Menschen mit ausgeprägten Feuer-Anteilen müssen erst lernen, ihrem Engagement rechtzeitig Grenzen zu setzen, bevor sie ausbrennen.

Menschen mit viel innerem Feuer wollen stets sichtbar sein – sie tauchen nicht irgendwo auf, sondern betreten in jedem Moment die Bühne ihres Lebens. Gerne sonnen sie sich im Scheinwerferlicht und finden einen Auftritt ohne Publikum nicht der Mühe wert. Sie sprechen, um andere zu überzeugen und zum Handeln zu bewegen.

In allen Lebenslagen sehnen sie sich nach dem großen Kick, nicht nur, wenn sie sich vor Gruppen behaupten. Erst bei starken Reizen von außen spüren sie sich so richtig. Verlieren sie im Spiel, sind gleich Haus und Hof dahin. Treiben sie Sport, laufen sie einen Marathon, probieren Bungee Jumping aus oder lenken ein Rennauto. Auch in der Liebe bevorzugen sie es exzessiv: Affären sind bei feurigen Menschen keine Seltenheit. Dabei geht es eher um den maximalen Erlebnisfaktor, als um Intimität und Nähe zwischen zwei Menschen.

Wie beim realen Feuer nimmt ihre Persönlichkeit durch Nahrung von außen Gestalt an.

Macht als treibende Kraft

Die treibende Kraft des Feuers ist die Macht. Dabei hat Macht durchaus eine positive Konnotation im Sinne von „machen können". Menschen mit großem inneren Feuer scheuen sich nicht, die Verantwortung für Wesentliches und Großes zu übernehmen – bei der Sanierung eines Unternehmens ebenso wie bei der Organisation einer Sport-Meisterschaft oder bei der Bewältigung privater Krisen. Sie neigen allerdings dazu, auch dort dominant aufzutreten, wo Gruppen bisher auf egalitären Prinzipien und flachen Hierarchien aufgebaut waren.

Menschen, die mit ihrem inneren Feuer im Reinen sind, begegnen anderen auf Augenhöhe und gehen bewusst und verantwortungsvoll mit der ihnen übertragenen Macht und den damit verbundenen Gestaltungsmöglichkeiten um. Sie schätzen ihren Handlungsspielraum, sowie das Ausmaß ihrer Unabhängigkeit realistisch ein. Was sie machen, tun sie aus eigener Kraft und aus freien Stücken. Sie stellen sich mutig und erwartungsvoll den Herausforderungen des Lebens. Feuer-dominierte Menschen handeln eigenverantwortlich, verteidigen aber auch mit allen Mitteln ihr Recht auf Selbstbestimmung. Im Falle eines Misserfolges sind Feuer-Dominierte bereit Verantwortung zu übernehmen, ohne die Schuld auf andere abzuwälzen.

Sie stellen sich mutig und erwartungsvoll den Herausforderungen des Lebens.

QUALITÄTEN DES FEUERS: SELBSTBEWUSSTSEIN, CHARISMA UND MUT

Menschen mit einem starken **inneren Feuer** haben große Freude an ihrer eigenen Präsenz. Wo sie erscheinen, werden sie wahrgenommen: Gespräche verstummen, Getuschel setzt ein und sie werden ungeniert gemustert. Feuer-Persönlichkeiten setzen sich gerne in Szene. Sie sind stets auf Wirkung bedacht, kümmern sich penibel um ihr Äußeres und nehmen für ihre Schönheit und Ausstrahlung auch große Mühen auf sich. Selbst wenn sie nicht im gängigen Sinne gut aussehen, machen sie eventuelle körperliche Mängel durch ihre Ausstrahlung – und durch geschickt gewählte Kleidung – wett.

Wer mit viel Feuer jongliert, tritt immer vor ein imaginäres Publikum, wenn nicht gar auf einen Kriegsschauplatz, und wählt dafür sehr bewusst das passende Outfit. Er oder sie rechnet nicht damit, sich durchschwindeln zu können und in der Menge zu verschwinden, ohne dass beispielsweise ein Fleck auf der Hose entdeckt werden würde. Im Gegenteil: Menschen mit viel Feuer wären sogar beleidigt, wenn man sie übersähe. Lieber achten sie darauf, stets makellose Kleidung zu tragen, um für alle Fälle – und Blicke – gerüstet zu sein.

Von anderen werden Menschen mit viel Feuer oft als charismatisch wahrgenommen. Nicht (nur), weil sie sich so aufputzen, sondern vor allem auch, weil sie authentisch auftreten.

Sie gehen wenige Abhängigkeiten ein und haben den Mut, sich so zu zeigen, wie sie sind. In hohem Maße sind sie sich auch ihren Stärken und

Schwächen bewusst und haben gelernt, auch ihre ungeliebten, schwachen Seiten zu akzeptieren.

Feuer steht dafür, nach den eigenen Werten zu handeln, selbst dann, wenn es negative Folgen haben kann. Dadurch gelingt es dem Umfeld leichter, Menschen mit hohen Feuer-Anteilen einzuschätzen.

Die Bühne gehört Menschen mit viel Feuer aber nicht nur, weil sie gut aussehen und über Charisma verfügen, sondern auch, weil sie keine Scheu haben aufzutreten. Sie erscheinen an den Veranstaltungsorten ihres Lebens und erstrahlen dort im Glanz ihres Feuers. Längst haben sie ihren inneren König oder ihre innere Königin schätzen und lieben gelernt. Ihr Selbstbewusstsein ermutigt sie dazu, von anderen etwas zu fordern. Treten sie auf, rechnen sie mit Beifall, und nicht mit Buh-Rufen und faulen Eiern als Wurfgeschoßen. Werden sie doch einmal ausgebuht, glauben sie eher an einen Irrtum des Publikums, als dass sie sich verletzt und beleidigt zurückziehen würden, wie Menschen mit hohen Wasser-Qualitäten es täten.

Ihr Auftritt kann, muss aber nicht laut sein. Charismatische Menschen mit ausgeprägtem Feuer finden sich ebenso unter berühmten Operndiven wie unter zurückhaltenden Top-Technikern.

Feuer befähigt dazu, sich selbst gut zu motivieren. Was Menschen mit hohen Feuer-Anteilen in Angriff nehmen, tun sie aus innerer Überzeugung und mit großer Leidenschaft. Sie haben den Mut, etwas Neues zu wagen, erwarten nicht – wie Menschen mit ausgeprägter Erde – alle möglichen Schwierigkeiten oder bleiben in der Planungsphase stecken wie Luft-Dominierte. Sie gehen ihre Vorhaben

Menschen mit viel Feuer haben den Mut sich zu entscheiden.

einfach an. Menschen mit viel Feuer haben den Mut sich zu entscheiden – auch wenn sie sich damit naturgemäß gleichzeitig gegen etwas anderes wenden müssen. Egal, ob im Job, in der Partnerschaft, beim Wohnort oder

der Mitgliedschaft im Fitnesscenter. Sie gehen bewusst ein Risiko ein und bewegen sich aus der Komfortzone hinaus, während man Menschen mit vielen Wasser-Anteilen daran erkennt, dass sie lieber sicher im bekannten Unglück verharren. Was auch immer sie tun – Feuer-dominierte Menschen sind bereit, die Verantwortung dafür zu tragen. Sie machen sich gerne beruflich selbständig und verfügen über ein unerschütterliches Vertrauen, sich auch in Zukunft noch versorgen zu können, ohne einen fixen Job zu haben. Daher scheuen sie auch nicht davor zurück, einen Kredit aufzunehmen, um ihre beruflichen Visionen umzusetzen. Im Extremfall können zu viele Feueranteile allerdings auch in Übermut ausarten.

Wer über viel Feuer verfügt, erledigt seine Arbeit voller Freude und mit ganzer Energie – oder er wechselt den Job. Dieser buchstäbliche Feuer-Eifer macht einen wesentlichen Teil der persönlichen Ausstrahlung aus.

DIE GEFAHREN UNERLÖSTEN, UNREIFEN FEUERS

Nicht jeder Mensch hat einen entspannten Zugang zur Macht. Viele haben in ihrer Kindheit Konfrontationen mit Autoritäten erlebt, die sie zum Teil lebenslänglich prägen. Zumindest so lange, bis sie sich dessen bewusst werden.

Menschen, die die negative Seite der Macht am eigenen Leib erfahren haben, als Dominanz der Mutter, Rücksichtslosigkeit des Vaters oder als Gemeinheit eines Lehrers oder einer Ausbildnerin, wehren den feurigen Teil ihrer Persönlichkeit oft ab. Ihr inneres Feuer ist „unerlöst" oder blockiert.

Unerlöstes Feuer kann sich auch psychosomatisch äußern, nämlich durch Kopfschmerzen und Migräneanfälle. Der Kopf, der bei der Geburt üblicherweise als erster Körperteil zu sehen ist, wird in der Psychosomatik mit dem Element Feuer assoziiert. Feurige Persönlichkeiten gehen auch nach der Geburt gerne mit dem Kopf durch die Wand, lassen sich nicht so schnell aufhalten, sind präsent und suchen die Blicke der Öffentlichkeit. Haben sie keine Chance, ihr Feuer auszuleben und das Geschehen mit zu gestalten, stauen sich ihre Energien und verursachen mitunter körperliche Schmerzen.

Im Verhalten kann sich das unerlöste Feuer auf drei verschiedene Arten manifestieren:

Wer sich selbst in frühen Jahren als ohnmächtig oder wenig selbstwirksam erfahren hat, läuft Gefahr, erworbene Macht missbräuchlich einzusetzen. Menschen mit unerlöstem Feuer neigen daher dazu, andere zu unterdrücken, zu entwerten oder zu verletzen, um sich selbst größer und mächtiger zu fühlen. Sie dominieren gerne und setzen dazu all ihre Ressourcen ein, nach dem Motto: „Schließlich investiere ich mein Geld, also bestimme ich, was damit geschieht."

„Schließlich investiere ich mein Geld, also bestimme ich, was damit geschieht."

Während Feuer-Persönlichkeiten, die mit sich im Reinen sind, andere überzeugen und motivieren können, schlägt diese Fähigkeit bei unerlöstem Feuer in ihre negative Seite um: Diese Menschen überzeugen nicht mehr sondern manipulieren. Für sie steht der Eigennutz im Vordergrund, nicht das Wohl der Gemeinschaft.

Neben der Täter-Rolle nehmen Menschen mit einem hohen Anteil un-erlösten Feuers – bevorzugt Frauen – auch die Retter-Rolle ein. Sie be-gegnen Menschen in ihrer Umgebung, sei es Mitarbeitern oder Freunden, häufig aus einer mütterlichen oder väterlichen Position heraus: „Wie geht es dir denn, kann ich etwas für dich tun...?" Nicht das Hilfsangebot an sich degradiert ihr Gegenüber zum Kind, sondern die Art, wie es gemacht wird. Dabei spielen sowohl Tonfall und Wortwahl, als auch die Situation, in der die Hilfe angetragen wird (beispielsweise vor anderen Teammitgliedern) eine Rolle.

Die dritte mögliche Ausdrucksform für Menschen mit unerlöstem Feuer ist die Opferrolle. Weil sie nicht so werden wollen wie ihre Unterdrücker, halten diese Menschen ihr Feuer nicht nur in Schach, sondern lassen es geradezu verkümmern. Es mangelt ihnen an Willenskraft, Begeisterungs-fähigkeit und an Enthusiasmus. Bei grundlosen Beschuldigungen eines Vorgesetzten oder einem vorwurfsvollen Umgang gelingt es ihnen nicht, sich angemessen und auf einer sachlichen Ebene zu verteidigen. Zu viele elementare Gefühle aus der Vergangenheit werden in der Konfliktsitua-tion aufgewühlt, und sie fühlen sich schnell als wehrloses Opfer.

DIE ÄUSSEREN SYMBOLE DES FEUERS

Feuer zeigt sich gerne in äußeren Symbolen. Prinzipiell lieben Menschen mit dominanten Feuer-Anteilen Elitäres und Exklusives, das ihren Wert auch nach außen hin zeigen soll. Was man von ihnen wahrnimmt, muss schön sein und soll Macht und Dominanz ausstrahlen.

Ihre Kleidung stammt von namhaften Designern oder verleiht ihnen durch einen speziellen kulturellen Code eine Aura von Macht und Würde: sei es der dunkle Anzug eines Politikers oder der weiße Mantel einer Ärztin. Tragen feurige Persönlichkeiten Schmuck, ist dieser oft groß, auffällig und mitunter richtig protzig.

Feuer-Anteile in der Persönlichkeit spiegeln sich auch im Einrichtungsstil wider: Da dominiert ein voluminöser Schreibtisch das Büro, der Chefsessel mit Lederbezug und wuchtigen Armlehnen nimmt entsprechend viel Raum ein während der Besuchersessel eher durch Zartheit und niedrige Sitzhöhe auffällt. Marmorboden, Gemälde an der Wand und die entsprechenden Accessoires demonstrieren Reichtum und Macht.

Ähnlich sieht es daheim aus: Haus oder Wohnung liegen in begehrten Wohngebieten und zeigen Nachbarn und Freunden unmissverständlich, dass hier Wohlstand herrscht. Damit diese Selbstinszenierung auch ausreichend wahrgenommen wird, veranstalten Feuer-Persönlichkeiten gerne große Partys. Da wird schon einmal ein Festzelt im Garten errichtet, ein Starkoch engagiert und die Band, die zum Cocktail-Empfang spielt, ist *der* Geheimtipp der Saison.

Feuer wirkt raumgreifend, nicht nur beim Flächenbrand, sondern auch in der Persönlichkeit. Das zeigt sich sowohl im überdimensionalen Schreibtisch, als auch bei den möglichst weit entfernten, exklusiven Reisezielen. Bevorzugt wird der Urlaub dort verbracht, wo gerade zahlreiche andere VIPs hinfahren – an einem möglichst exotischen Ort. Schließlich möchte man nach dem Urlaub ja etwas zu erzählen haben und durchaus auch ein bisschen Neid wecken.

Raumgreifend zeigen sich Menschen, die zu wenig Feuer kompensieren möchten, indem sie ihren Körper groß herausbringen: Durch High Heels, Schulterpolster, aber auch durch Leibesfülle. In einigen Fällen wehren mächtige Frauen mit hohen Feuer- und Wasseranteilen durch ihre Leibesfülle auch zarte, schwache und mädchenhafte Anteile in sich ab.

Feuer-dominierte Männer definieren sich oft über ihr Auto. Dieses fungiert dann als Erweiterung ihrer körperlichen Erscheinung. Daher wählen sie bewusst eine exklusive Automarke, um sich deren Image quasi einzuverleiben. Die edel geschwungene oder stark kantige Form des Fahrzeugs kann ihre eigene Körperform betonen oder aber die möglicherweise etwas aus der Form geratene Silhouette kompensieren. Auch mangelnde Körpergröße gleichen Männer mit ausgeprägtem Feuer gerne durch ein besonders nobles Auto aus.

Wer über viel Feuer verfügt, zeigt in jeder Situation maximale Präsenz und besteht darauf, in seinem vollen Wert wahrgenommen zu werden. Daher führen Menschen mit großem innerem Feuer gerne auf ihrer Visitenkarte sämtliche Titel an und achten bei Vorstellrunden darauf, in ihrer gesamten Funktion und Rolle angekündigt zu werden.

DAS INNERE FEUER ENTWICKELN

Ist das eigene Feuer zwar vorhanden, aber in einer verkümmerten oder unerlösten Form, bedeutet das nicht automatisch eine lebenslängliche Einschränkung und seelische Last. Das innere Feuer lässt sich durchaus entwickeln. Der erste Schritt dazu besteht darin, sich seines nicht erwachsen gewordenen, unerlösten Feuers bewusst zu werden. Warum wehre ich die dominanten Anteile meiner Persönlichkeit ab? Warum reagiere ich nahezu allergisch darauf, wenn mir jemand sagt, was ich tun soll? Warum kann ich meinen Mitarbeiter nicht mehr Entscheidungsbefugnis übergeben? Warum muss ich immer Stärke zeigen, gerade wenn ich mich schwach fühle?

Wer mit seinem inneren Feuer Frieden schließen will, muss sein Selbstbewusstsein entwickeln. Sich der eigenen Stärken und Schwächen bewusst zu werden, bedeutet für diese Menschen, eine Entdeckungsreise in die eigene Seele zu unternehmen. Am Ziel angekommen, wartet als Lohn das Wissen, auf welche Stärken man in Krisensituationen zurückgreifen kann, aber auch die Erkenntnis, wo man leicht verletzbar ist.

Wer mit Feuer-Eifer ein Team leitet und immer schnell von einem Punkt zum nächsten springt, wird vermutlich niemals den besten Draht zu seinem Buchhalter oder zu seiner Konstruktionszeichnerin bekommen. Diese bekommen gerne detaillierte Arbeitsanweisungen und fühlen sich dann sicher, wenn sie immer gleich bleibende Tätigkeiten ausführen. Kompetente Führungskräfte delegieren diese Aufgabe daher an Team-Mitglieder mit höheren Wasser- und Erdanteilen. Teil der Lösung ist es, die eigene Schwäche zu erkennen und nicht zu bekämpfen sondern anzunehmen.

Die mangelnde Fähigkeit nicht zu seinen Defiziten zu stehen kann, führt dazu, sich im Falle von Kritik sofort angegriffen zu fühlen und mit Rückzug oder langatmigen Rechtfertigungen zu antworten. Menschen hingegen, die mit ihren Schwächen bewusst umgehen, können auch negatives Feedback akzeptieren, ohne sich gleich in ihren Grundfesten erschüttert zu fühlen. Es fällt ihnen leichter, sich auf ihr kritisierendes Gegenüber einzustellen und einen konstruktiven Dialog über mögliche Lösungen zu führen.

Ein gut entwickeltes inneres Feuer zeigt sich im Stolz auf die eigene Einzigartigkeit – mit all ihren Ausprägungen. Ich bin ich, geboren mit einem einzigartigen Potenzial, das nur ich auf meine Weise ausschöpfen kann.

Die eigenen Fähigkeiten und Fertigkeiten im Bewusstsein zu haben, ohne sich ständig mit anderen vergleichen zu müssen, beseitigt einen Großteil des Konkurrenzdrucks. Aus der Klarheit darüber, was die eigene Persönlichkeit ausmacht und aus dem Friedensschluss mit den individuellen Schwächen resultiert ein Gefühl von Lebensfreude, Zuversicht und Großzügigkeit.

Sie nehmen sich und ihre Bedürfnisse gut wahr und trachten danach, ihre Wünsche durchzusetzen.

Menschen mit erlöstem Feuer und einem bewussten Zugang zu ihrer Einzigartigkeit sind auf gesunde Art egoistisch. Sie nehmen sich und ihre Bedürfnisse gut wahr und trachten danach, ihre Wünsche durchzusetzen. Das muss nicht in Rücksichtslosigkeit ausarten – sie nehmen einfach ihre eigenen Anliegen ebenso ernst wie die ihrer Mitmenschen. Unter anderem liegt auch darin ihre Qualität: Wer mit Feuer-dominierten Menschen zusammen lebt oder arbeitet, muss nicht lange mutmaßen, was die Kollegin oder der Partner wollen könnten sondern empfängt dazu klare Signale.

PRÄSENTE UND DYNAMISCHE CHEFS

Wer seine Kraft aus dem Feuer schöpft, eignet sich gut für eine Führungsposition, vor allem in Unternehmenssituationen mit vielfältigen Gestaltungsmöglichkeiten: Führungskräfte mit ausgeprägten Feuer-Anteilen haben ein untrügliches Gespür dafür, wer von den Bewerbern das Team optimal ergänzen könnte. Sie treiben einmal aufgegriffene Themen konsequent voran und sind vor allem in Wachstumsphasen des Unternehmens von unschätzbarem Wert. Allerdings sollten sie von anderen Teammitgliedern unterstützt – und notfalls gebremst – werden. Die Aufgabe des beruflichen Umfeldes einer Feuer-dominierten Führungspersönlichkeit besteht darin, die Schwächen des Feuers auszugleichen, also die emotionalen Bedürfnisse der Mitarbeitenden im Auge zu behalten, Gefahren abzuschätzen und auf mögliche Risiken hinzuweisen.

Oft ist es ratsam, von Führungskräften mit dominantem Feuer genaue Arbeitsanweisungen einzufordern. Denn wer vom Feuer entfacht ist, nimmt auftretende Schwierigkeiten manchmal nicht so deutlich wahr und geht unbewusst davon aus, die anderen wüssten automatisch, wie sie vorgehen sollten. Er oder sie sieht – bildlich gesprochen – nur ein Pferd und eine Karotte. Dass das Pferd zur Karotte kommt, setzen Führungskräfte mit hohen Feuer-Anteilen voraus; Der Weg dazu ist ihnen egal und mögliche Hindernisse auf dem Weg dorthin werden gar nicht in Erwägung gezogen.

Kommt keine Rückfrage aus dem Team, schließen Führungskräfte mit hohen Feuer-Anteilen daraus, dass alles klar sei. Oft irren sie sich da allerdings: Es hat sich bloß noch niemand zu fragen getraut. Eine wesentliche Aufgabe der Menschen in ihrem Arbeitsumfeld besteht daher darin, ihnen rundheraus die Meinung zu sagen. Sie brauchen diesen Widerpart.

Führungskräfte mit einem lodernden inneren Feuer sind, vor allem wenn sie auch über hohe Luft-Anteile verfügen, die geborenen Pioniere. Sie betreten gerne Neuland, krempeln sich die Ärmel auf und übernehmen eine große Aufgabe ganz von Beginn an. Wo einst ein ungezähmter Wald mit dichtem Unterholz war erbauen sie ein Schloss. Die Sanierung des Schlosses nach den ersten zwanzig Jahren interessiert sie dann allerdings nicht mehr so sehr.

Ihren Mitarbeitern begegnen Feuer-dominierte Führungskräfte mit großem, aber gleichzeitig distanziertem Interesse. Sie sind sehr an der Entwicklung ihres Teams interessiert und engagieren sich für dessen bestmögliche Qualifizierung. Da betätigen sie sich als grandiose Vernetzer und organisieren die spannendsten Vortragenden. Sie selbst stehen als Vortragende nicht zur Verfügung. Da könnte es zu viel „menscheln".

Sie stünden ihren Mitarbeitern selbstverständlich zur Verfügung, wann immer diese Unterstützung benötigen – betonen sie gerne. Allerdings erwarten sie sich, dass die anderen von sich aus um Hilfe bitten.

Small Talk über Kinderkrankheiten, Freizeiterlebnisse und Urlaubspläne gehört nicht zum Kommunikationsrepertoire von Führungskräften mit hohen Feuer-Anteilen. Ihr Bedürfnis, anderen Menschen emotional nahe zu stehen, bewegt sich in engen Grenzen.

Mehr Nähe suchen Führungskräfte mit starken Feuer-Anteilen zum Markt und zu ihrer Kundschaft; sie agieren sehr außenorientiert. Aber auch Kundenkontakte gestalten sie nicht zu persönlich; ein gutes Einvernehmen auf der Sachebene genügt ihnen.

Menschen mit hohen Feuer-Anteilen streben durchwegs Führungspositionen an und bringen als Vorgesetzte auch eine hohe Dynamik ein. Sie besitzen ein großes schöpferisches Potenzial, verlangen für ihre Leistung aber auch entsprechende Anerkennung. Ihr inneres Feuer zeigt sich sowohl in warmherziger Ausstrahlung als auch in hitzigem Temperament.

Sie gehen ihren Job mit einer Leichtigkeit an, deren Kehrseite sich in mangelnder Ausdauer manifestiert. Entwicklung und Expansion sind die Spezialgebiete der Feuer-dominierten Führungskräfte. Allerdings benötigen sie stets jemanden auf Augenhöhe, der ihrer Aggression, ihrer Maßlosigkeit und ihrem Egoismus Grenzen setzt. Haben sie nämlich ein Ziel einmal ins Auge gefasst, schrecken sie vor nichts zurück, um dieses auch zu erreichen: Da „verheizen" sie ihre Mitarbeiter wie Holzscheite, nutzen sie aus und gönnen ihnen – und sich selbst – keine Ruhepausen.

> *Entwicklung und Expansion sind die Spezialgebiete der Feuer-dominierten Führungskräfte.*

Vom Feuer geleitete Führungskräfte haben daher oft Probleme mit ihrer Work-Life-Balance und laufen Gefahr auszubrennen.

Trotz der Unannehmlichkeiten, die sich für Menschen ergeben können, deren Vorgesetzter oder Chefin aus dem Feuer heraus agiert – noch schlimmer sind Führungskräfte mit einem Mangel an innerem Feuer. Diese bringen vergleichsweise wenig, geben keine klare Linie vor und treiben ihr Team damit in die Orientierungslosigkeit. Von Produktivität kann da keine Rede sein.

PROAKTIVE UND ENGAGIERTE MITARBEITER

Feuer-dominierte Mitarbeiter gehen energisch, direkt und proaktiv an Probleme heran. Sie geben sich voller Selbstvertrauen und agieren sehr ich-bezogen. Ihre Arbeit erledigen sie in hohem Tempo, zu den übrigen Teammitgliedern sehen sie sich durchwegs in Konkurrenz. Sie wissen es zu schätzen, wenn sich ihr Aufgabenbereich oder die Arbeitsmethode in kürzeren Abständen ändern oder – noch besser – von ihnen selbst neu gestaltet werden kann. Durch ihr rasantes Arbeitstempo verbreiten sie allerdings ein permanentes Gefühl von Dringlichkeit, das andere Teammitglieder, vor allem jene mit hohen Wasser- oder Erdanteilen, oft unter Druck setzt.

Wer als Führungskraft eine Feuer-Persönlichkeit im Team hat, sollte deren Kompetenzbereich klar abstecken, ihr innerhalb dieser Grenzen jedoch möglichst viel Kontrolle über die eigene Arbeitssituation überlassen. Im Optimalfall leiten Feuer-Dominierte ein eigenes kleines Team. Durch Gewähren dieses persönlichen Freiraums können Arbeitgeber das Feuer-Potenzial bestmöglich ausschöpfen und sehr vom Enthusiasmus und der Dynamik dieser Mitarbeiter profitieren.

Längerfristig zufrieden sind Menschen mit hohem Feuer-Anteil jedoch nur dann, wenn sich ihnen Gelegenheiten zum beruflichen Aufstieg bieten. Sie lieben Herausforderungen jeder Art; diese fachen sogar ihre Lösungskompetenz an. Als Anerkennung für ihre Kompetenz und ihr Engagement wissen Menschen mit hohen Feuer-Anteilen konkrete Belohnungen wie Bonuszahlungen oder eine Erweiterung ihres Aufgabenbereiches sehr zu schätzen.

Frustriert reagieren mit Feuer-Eifer arbeitende Teammitglieder, wenn man ihre Autorität in Frage stellt und ihnen Kontrolle oder Verantwortung entzieht. Routinearbeiten verachten sie ebenso wie ein aufgeblähtes Berichtswesen. Für sie zählt ausschließlich das Endergebnis.

Vorgesetzte von Feuer-dominierten Mitarbeitern müssen damit rechnen, dass ihre Autorität laufend in Frage gestellt wird. Daher empfiehlt es sich, von Anfang an unmissverständlich klarzustellen, wer das Team leitet. Ein mögliches Machtvakuum an der Spitze füllen Teammitglieder mit hohem Feuer-Anteil nämlich unverzüglich selbst aus.

SELBSTBEWUSSTE UND FAKTENORIENTIERTE KUNDEN

In der Persönlichkeit von Kunden zeigt sich die Qualität des Feuers in selbstsicherem Auftreten und der Erwartung, auch die Verkäufer mögen über ein ähnliches Selbstbewusstsein verfügen. Menschen mit viel Feuer fordern einen effizienten Umgang mit ihrem Zeitbudget ein und üben auch relativ rasch Druck auf das Verkaufspersonal aus. Was sie jedoch schätzen, sind klare und präzise Aussagen über Produkte und Dienstleistungen.

Um ihnen etwas verkaufen zu können, muss man keine emotionalen Brücken schlagen, wie „Ich habe diesen Fernseher auch und bin sehr zufrieden damit". Aussagen wie diese könnten eine Persönlichkeit mit hohem Wasser-Anteil überzeugen. Zu Kunden mit Feuer führt am besten der direkte Weg – auch im Verkaufsgespräch. Sie interessieren sich für die technischen Daten von Produkten; das Verkaufspersonal sollte diese jedoch unbedingt belegen können. Feuer manifestiert sich auch darin, dass Kunden alles daran setzen, selbst die Kontrolle über das Gespräch zu behalten. Davon sollten sich Verkäufer nicht verunsichern lassen. Dieses Verhalten richtet sich nicht gegen sie persönlich. Vom Feuer geleitete Kunden unterbrechen das Verkaufspersonal manchmal sogar mitten im Satz mit den Worten: „Danke, packen Sie es gleich ein!" – und wirken dadurch schon auch einmal unhöflich.

Feuer-Kunden sind in der Regel an neuen Produkten interessiert – vor allem, wenn sich mit deren Einsatz Zeit und/oder Geld sparen lässt. Sie sind ungeduldig und typische „Impuls-Käufer ".

Im Verkaufsgespräch demonstrieren sie ihr Feuer oft durch Fragen, die mit „was" beginnen: Was kann das Gerät? Was unterscheidet es von alternativen Produkten? Was ist beim Einsatz des Gerätes zu beachten?

LÖSUNGSORIENTIERTE, ABER UNGEDULDIGE PARTNER

Solange Menschen mit hohen Feuer-Anteilen und ihre Partner dieselben Ziele verfolgen, sind sie einander gute Gefährten. Gemeinsam können sie viel erreichen, wenn sie sich nur nicht in Machtkämpfen verzetteln. Menschen mit dominantem Feuer treten nicht nur im Beruf, sondern auch in der Partnerschaft energisch, entschlossen und selbstbewusst auf. Oft sind sie es, die die Initiative ergreifen, sei es zu Beginn der Beziehung, aber auch wenn es darum geht, gemeinsam eine Aufgabe anzupacken: eine Gartenhütte zu errichten, den Sonntagsausflug zu planen oder mit dem Nachwuchs Mathematik zu lernen. Ein Feuer-Partner hält die Fäden fest in der Hand, hat für jedes Problem schnell eine praktische Lösung parat, und sogar möglicher Widerstand spornt ihn an – nicht immer zur Freude der übrigen Familienmitglieder. Wer von viel innerem Feuer getrieben wird, motiviert seine Familie zum Handeln und besteht darauf, dass alle mithelfen. Die Kehrseite dieser Eigenschaften besteht darin, dass viel Feuer auch in der Partnerschaft zu dominantem Verhalten führt und Menschen mit hohen Feuer-Anteilen die Beziehung allein steuern wollen. Aufgrund ihrer Tendenz zum Workaholismus verbringen sie wenig Zeit mit ihrer Familie. Schreiben ihre Kinder in der Schule schlechte Noten oder üben mit wenig Enthusiasmus ihr Instrument, verlieren Feuer-Eltern schnell die Geduld. So getrieben sie selbst durchs Leben eilen, lassen sie auch ihre Partner und Kinder kaum zur Ruhe kommen. Ein Sonntag auf der Couch ist für sie verlorene Zeit. Ebenfalls zu innerfamiliären Konflikten führt ihre geringe Bereitschaft, sich zu entschuldigen.

FEUER-DOMINANZ BEI LUFT-, WASSER- ODER ERDE-SCHWÄCHE

Kein Charakter wird ausschließlich von einem der vier Elemente geformt, jedoch kann jedes Element eine Persönlichkeit dominieren. Die anderen Elemente ergänzen dieses dann im Optimalfall und federn somit manche extreme Verhaltensweise ab. Nicht selten zeigt sich in der Natur eines Menschen, dass eines der Elemente besonders schwach ausgeprägt ist. Je nachdem, an welchem Element es einer Persönlichkeit mangelt, wirkt sich seine Feuer-Dominanz unterschiedlich aus.

Fehlen einem Menschen mit großem innerem Feuer **Luft-Anteile**, so fällt es ihm zwar leicht, ein spontanes Urteil zu fällen und sich sofort an die Arbeit zu machen. Mühe hat er allerdings damit, die Hintergründe seiner Entscheidung zu durchdenken und sein Verhalten zu begründen. Das kann in der Interaktion mit seinem privaten wie beruflichen Umfeld zu heftigen Irritationen führen. Das Lernziel bei viel Feuer in Kombination mit zu wenig Luft im Elemente-Portfolio heißt daher: besonnen und vorausschauend durchs Leben gehen.

Wer vom Feuer geprägt ist, aber nur wenig **Wasser-Anteile** in seiner Persönlichkeit aufweist, der strebt nach oben, ihm fehlt es gleichzeitig aber oft an seelischer Tiefe. Demut, Hingabe und Empathie sind ihm fremd. Seine Lektion heißt: Ohnmachtsgefühle aushalten zu lernen, ohne sofort aus der Situation zu flüchten oder in Hyperaktivität zu verfallen. Außerdem muss er sich die Gefühle seiner Mitmenschen immer wieder bewusst machen um, adäquat darauf reagieren zu können.

Zu **wenig Erde** bei gleichzeitiger Feuer-Dominanz im Charakter drückt sich durch Impulsivität und Raubbau an den eigenen Kräften aus. Ohne

Rücksicht auf Verluste werden auch noch die letzten Reserven mobilisiert, um ein Ziel zu erreichen. Die Nebenwirkungen dieses Verhaltens dringen gar nicht ins Bewusstsein der Betroffenen. Im Extremfall enden Feuer-dominierte Menschen mit schwachem Erd-Anteil geistig, seelisch, körperlich und finanziell ausgebrannt im Burnout. Um das zu vermeiden müssen sie lernen, mit ihren Kräften hauszuhalten und ihre Grenzen zu erkennen.

Wie reagieren vom Feuer dominierte Persönlichkeiten ...

... wenn sie auf ein Hindernis treffen?

Zunächst reagiert Feuer ungeduldig, schließlich soll das Ziel rasch erreicht werden, egal auf welchem Weg. Nach dieser kurzen Schreck-Sekunde schwenken Menschen mit hohen Feuer-Anteilen aber schnell um und agieren konsequent lösungsorientiert. Haben sie das Hindernis erfolgreich beseitigt, deuten sie es auch noch positiv um: Ohne das Problem wäre die Aufgabe einfach zu leicht zu erfüllen gewesen.

... wenn sie einen zwischenmenschlichen Konflikt lösen sollen?

Hohe Feuer-Anteile gehen nicht selten damit einher, dass ein zwischenmenschlicher Konflikt gar nicht wahrgenommen wird; Empathie zählt nicht gerade zu den Stärken des Feuers. Sobald Menschen mit dominantem Feuer das Problem aber bewusst ist, stellen sie sich dem Konflikt und ergreifen auch selbst die Initiative, um zu einer Lösung zu kommen. Sie sprechen die Krise direkt an, schlagen beispielsweise ein Coaching vor und werden – ganz wichtig – gleich aktiv.

Ist die Person mit ihrem Feuer-Anteil im Reinen, investiert sie viel Zeit, Geld und Hirnschmalz in die Lösungsfindung.

Menschen mit unerlöstem Feuer versuchen eher, sich über den Konflikt hinweg zu schwindeln und laufen dabei Gefahr, ihr Gegenüber abzuwerten: „Was hat denn die schon wieder...?!". Unerlöstes Feuer führt auch zu Rachsucht, während Menschen mit viel Feuer ansonsten nicht nachtragend sind und auch im Konflikt Sach- und Gefühlsebene sauber voneinander trennen können.

...wenn ihnen langweilig ist?

Wer viel inneres Feuer hat, kennt kaum Langeweile. Feuer-dominierte Persönlichkeiten suchen sich schnell neue Betätigungsfelder oder übernehmen mehr Verantwortung. Nur wenn sie in ihren Entfaltungsmöglichkeiten eingeengt werden – Kinder, die nicht ins Freie dürfen oder Mitarbeiter, die für Routinearbeiten eingesetzt werden – wird es kritisch.

Manche Persönlichkeiten mit dominantem Feuer sehen in der Langeweile eine Herausforderung, der sie sich bewusst stellen. Sie erlernen eine Meditationstechnik und geben dem Nichtstun damit eine Struktur. Menschen mit unerlöstem Feuer, die stets Bestätigung von außen brauchen – in Form von Wettkampfsiegen oder lobender Medienpräsenz – können jedoch in Leerlaufphasen geradezu in Panik geraten. Ihr Feuer gewinnt erst dadurch Gestalt, dass es andere(s) verbrennt.

...wenn sie sich bedroht fühlen?

Feuer strebt danach, sofort den Überblick über die Situation zu bekommen und gleich einmal den Rahmen abzustecken, innerhalb dessen Einfluss genommen werden kann. In jedem Fall gilt es, Ohnmachtsgefühlen durch Aktivität zuvor zu kommen. Ohnmacht bewirkt in Menschen mit hohen Feuer-Anteilen nämlich sofort eine veritable Existenzkrise. Wird ihnen der Führerschein abgenommen, werden sie in eine Ausnüchterungszelle gesteckt oder müssen sich einer von ihnen nicht anerkannten Autorität unterordnen, zieht ihnen das den Boden unter den Füßen weg. Sie reagieren mit ungläubigem Erstaunen – „So etwas kann mir doch nicht passieren!" – oder mit Aggression. Erst im zweiten Moment überlegen sie lösungsorientiert – „Wen kann ich anrufen, wer könnte mir helfen?"

...wenn sie vollen Handlungsspielraum haben?

Sie nutzen ihn! Feuer giert danach, das Spielfeld zu besetzen, Grenzen auszuloten und wenn möglich gleich auch noch ein bisschen zu überschreiten. Am wohlsten fühlen sie sich, wenn sie ihre eigene Sichtweise einbringen und sich frei entfalten können. Wer also eine bestimmte Leistung von ihnen erwartet, muss ihnen eine Grundrichtung vorgeben – sonst erfüllen sie nicht unbedingt die an sie gestellte Aufgabe, sondern eine andere, diese dafür mit großer Begeisterung. Wer sie frei gewähren lässt, sollte sich mit jedem kreativen Ausgang ihrer Tätigkeit anfreunden können.

KURZ & BÜNDIG:
QUALITÄTSRASTER FÜR DAS ELEMENT FEUER

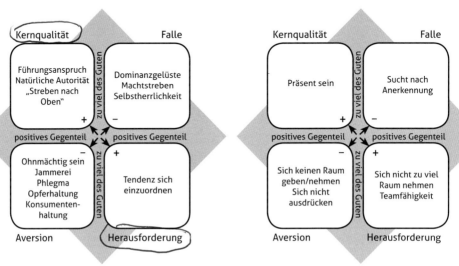

Kernqualität — Falle

Führungsanspruch
Natürliche Autorität
„Streben nach Oben"
+

Dominanzgelüste
Machtstreben
Selbstherrlichkeit
–

zu viel des Guten

positives Gegenteil — positives Gegenteil

Ohnmächtig sein
Jammerei
Phlegma
Opferhaltung
Konsumenten-haltung
–

Tendenz sich einzuordnen
+

zu viel des Guten

Aversion — Herausforderung

Kernqualität — Falle

Präsent sein
+

Sucht nach Anerkennung
–

zu viel des Guten

positives Gegenteil — positives Gegenteil

Sich keinen Raum geben/nehmen
Sich nicht ausdrücken
–

Sich nicht zu viel Raum nehmen
Teamfähigkeit
+

zu viel des Guten

Aversion — Herausforderung

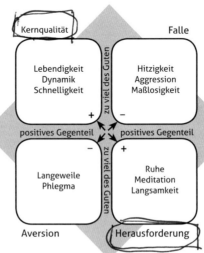

Kernqualität — Falle

Lebendigkeit
Dynamik
Schnelligkeit
+

Hitzigkeit
Aggression
Maßlosigkeit
–

zu viel des Guten

positives Gegenteil — positives Gegenteil

Langeweile
Phlegma
–

Ruhe
Meditation
Langsamkeit
+

zu viel des Guten

Aversion — Herausforderung

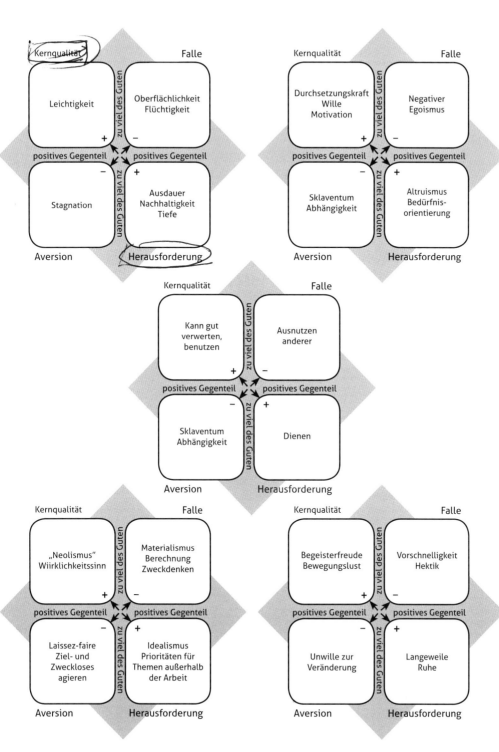

Diagramm 1 (oben links):

Kernqualität — Falle
- Leichtigkeit (+)
- Oberflächlichkeit / Flüchtigkeit (−)

positives Gegenteil — positives Gegenteil
- Stagnation (−)
- Ausdauer / Nachhaltigkeit / Tiefe (+)

Aversion — Herausforderung

zu viel des Guten

Diagramm 2 (oben rechts):

Kernqualität — Falle
- Durchsetzungskraft / Wille / Motivation (+)
- Negativer Egoismus (−)

positives Gegenteil — positives Gegenteil
- Sklaventum / Abhängigkeit (−)
- Altruismus / Bedürfnisorientierung (+)

Aversion — Herausforderung

zu viel des Guten

Diagramm 3 (Mitte):

Kernqualität — Falle
- Kann gut verwerten, benutzen (+)
- Ausnutzen anderer (−)

positives Gegenteil — positives Gegenteil
- Sklaventum / Abhängigkeit (−)
- Dienen (+)

Aversion — Herausforderung

zu viel des Guten

Diagramm 4 (unten links):

Kernqualität — Falle
- „Neolismus" / Wiirklichkeitssinn (+)
- Materialismus / Berechnung / Zweckdenken (−)

positives Gegenteil — positives Gegenteil
- Laissez-faire / Ziel- und Zweckloses agieren (−)
- Idealismus / Prioritäten für Themen außerhalb der Arbeit (+)

Aversion — Herausforderung

zu viel des Guten

Diagramm 5 (unten rechts):

Kernqualität — Falle
- Begeisterfreude / Bewegungslust (+)
- Vorschnelligkeit / Hektik (−)

positives Gegenteil — positives Gegenteil
- Unwille zur Veränderung (−)
- Langeweile / Ruhe (+)

Aversion — Herausforderung

zu viel des Guten

Kernqualitäten des Feuers

Das Qualitätsraster jedes Naturelements hat vier Ecken, die miteinander verbunden sind: in Form von Gegensatzpaaren. Die Kernqualitäten in der linken oberen Ecke bezeichnen die herausragenden Stärken der Persönlichkeitsanteile eines Elements. Für diese Eigenschaften bekommen Menschen mit viel Feuer Komplimente, darauf sind sie stolz – und diese Eigenschaften fordern sich auch von anderen: Die Kernqualitäten des Feuers zeigen sich in natürlicher Autorität und dem Streben nach oben, weiters in Präsenz, Lebendigkeit, Leichtigkeit und Dynamik, die sich auch im schnellen Handeln ausdrückt. Ebenso zu den Kernqualitäten des Feuers zählen starker Wille, Durchsetzungskraft, hohe Motivation und die Fähigkeit, alles und jeden gut verwerten und einsetzen zu können. Wer über ausreichend Feuer verfügt, schätzt Menschen und Situationen realistisch ein, ist schnell zu begeistern und geistig und körperlich rege.

Fallen des Feuers

Die „Fallen" des Feuer-Elements werden im rechten oberen Qua-drat genannt: Ist eine prinzipiell gute Eigenschaft in zu großem Ausmaß vorhanden, schlägt sie ins Negative um. Diese negative Eigenschaft wird dann als Falle bezeichnet, als Wesenszug oder Handlungsweise, die Menschen mit hohen Feuer-Anteilen vorge-worfen wird. Meist sehen sie darin auch selbst ihre Schwächen oder ungeliebten Verhaltensweisen, die vor allem unter Druck vermehrt zu Tage treten.

Durch die Falle wird sozusagen die Kehrseite der Medaille sicht-bar. Umgemünzt auf die positiven Eigenschaften des Feuers heißt das, die Falle der Autorität liegt in Dominanzgelüsten, ungebrem-stem Machtstreben und Selbstherrlichkeit. Aus der Freude an der Präsenz wird geradezu eine Sucht nach Anerkennung. Lebendig-keit und Dynamik schlagen schnell in Hitzigkeit, Maßlosigkeit und Aggression um. In der Leichtigkeit schwebt bereits die Gefahr der Oberflächlichkeit und Flüchtigkeit, während die negative Ausprä-gung der Durchsetzungskraft im grenzenlosen Egoismus liegt. Wer ein gutes Händchen dafür hat, wie Ressourcen, aber auch Mitar-beiter einzusetzen sind, neigt dazu, diese übermäßig auszunutzen. Die Kehrseite des Realismus wiederum zeigt sich im Materialismus, Zweckdenken und berechnendem Handeln. Aus der Begeisterungs-freude und Bewegungslust werden im Übermaß Vorschnelligkeit und Hektik.

Herausforderungen des Feuers

Die Herausforderung, im Qualitätsraster rechts unten angezeigt, liegt in der Entwicklung einer bisher unterrepräsentierten Eigenschaft, die der Stärke diametral gegenübersteht. Gleichzeitig ist die Herausforderung das positive Gegenstück zur Falle. Die Herausforderung besteht aus Eigenschaften und Handlungsweisen, die Menschen mit dominantem Feuer an sich selbst vermissen oder die sich andere von ihnen wünschen würden. Menschen mit hohen Feuer-Anteilen bewundern ihre Mitmenschen für Eigenschaften der Rubrik Herausforderung.

Der Autorität steht da die Fähigkeit sich einzuordnen gegenüber, der übermächtigen Präsenz die Teamfähigkeit und die Gabe, sich selbst nicht zu viel Raum zu nehmen. Der Dynamik diametral entgegengesetzt sind Ruhe, Meditation und Langsamkeit. Wenn Leichtigkeit mit Flüchtigkeit einhergeht, liegt die Herausforderung in der Ausdauer, Nachhaltigkeit und Tiefe. Wo Durchsetzungskraft und Egoismus zu ausgeprägt sind, müssen Altruismus und Bedürfnisorientierung erst erlernt werden. Dem Realismus und seiner negativen Ausprägung in Materialismus und Zweckdenken stehen als positive Widerparts Idealismus und die Konzentration auf Themen außerhalb der Arbeit gegenüber. Langeweile und Ruhe heißen die Herausforderungen für jene, die vor lauter Begeisterung in Hektik und vorschnelles Handeln verfallen.

Aversionen des Feuers

Nicht immer erwecken die den eigenen entgegengesetzten Eigenschaften Bewunderung. Oft werden genau jene Charaktermerkmale besonders abgelehnt, die dem eigenen Wesen fremd sind – vor allem, wenn sie besonders exzessiv ausgelebt werden. Die Aversion stellt einerseits das Gegenstück zur persönlichen Stärke dar, ist aber auch die aus den Ufern getretene Herausforderung. Wie die Falle ein Zuviel der eigenen Stärke bedeutet, benennt die Aversion das Übermaß der Herausforderung. Aufspüren lassen sich die eigenen Aversionen durch die Fragen, was an anderen als störend empfunden wird, wofür man sich selbst verabscheut oder welche Verhaltensweisen Wut hervorrufen.

Die Aversion des Feuers manifestiert sich oft in Ohnmachtsgefühlen, im Jammern, phlegmatischem Auftreten und einem Leben in der Opferrolle – als Gegenparts zur Autorität und dem Führungsanspruch des Feuers. Menschen mit ausgeprägtem innerem Feuer können schwer damit umgehen, wenn ihre Kommunikationspartner sich nicht ausdrücken (können) oder sich keinen Raum nehmen. Langeweile ist für sie unerträglich und aus ihrer Lebendigkeit und Dynamik heraus völlig unverständlich. Als Widerpart der Leichtigkeit ist Feuer-Dominierten die Stagnation ein Gräuel. Für Unterwürfigkeit und Abhängigkeit haben sie nur Verachtung übrig, ebenso verabscheuen sie ziel- und zweckloses Agieren und den Stil des Laissez-faire. Begegnen sie in ihrer Begeisterung und ihrem Drang nach Bewegung und Entwicklung bei anderen dem Unwillen zur Veränderung, löst das in Feuer-Persönlichkeiten reflexartig Aversionen aus.

„Hans-Dampf

Luft

Eigenschaften: beweglich, elastisch, leicht, instabil, nicht fassbar ...

Wirkung: Luft verflüchtigt sich, bietet wenig Widerstand, befindet sich zwischen den Dingen, richtet sich von selbst nach keiner Richtung aus ...

Sprüche und Redensarten:

Luftschlösser bauen.

Flattern wie ein Fähnchen im Wind.

Von Luft und Liebe leben.

Sich in Luft auflösen.

Frei sein wie der Wind.

Das ist aus der Luft gegriffen.

Zum Weiterdenken:

Was kennzeichnet für Sie einen Menschen mit viel Luft?

Welche Berufe passen aus Ihrer Sicht gut zu hohen Luft-Anteilen?

Was schätzen Sie an Menschen mit viel Luft?

Warum hüten Sie sich vor „Luftikussen"?

DAS ELEMENT LUFT IM MENSCHLICHEN CHARAKTER

Ohne Druck von außen richtet sich die Luft nach keiner Richtung aus, sondern füllt einfach sämtlichen vorhandenen Raum. Steigt der Druck, wird sie komprimiert, lässt der Druck nach, dehnt sie sich wieder aus. Luft ist **leicht, sehr beweglich und nicht wirklich fassbar.** Auch der geringe Widerstand gehört zu ihren Merkmalen. Im naturbelassenen Zustand – also ohne Luftverschmutzung, Dampf oder Rauch – erscheint Luft durchsichtig, hell und klar.

Viele dieser Aspekte zeigen sich auch im menschlichen Charakter, wenn er von Luft-Anteilen geprägt wird. Menschen mit dominanter Luft sind **voller Visionen, sehr inspiriert und kommunizieren** gerne – selbst wenn manchmal nur heiße Luft dabei herauskommt. Häufig sind sie voller kreativen Enthusiasmus und bewegen sich mit ihren Ideen oft auch weitab der üblichen Gedankengänge. Sie wollen andere begeistern und mit ihrem Staunen anstecken. Es gelingt ihnen leicht, sich sehr plastisch Bilder einer veränderten Zukunft auszumalen, auch wenn es dann bei der Umsetzung hapert. Dabei legen sie einen grenzenlosen Optimismus an den Tag. Luft-Dominanz zeigt sich auch in **hoher Assoziationsfähigkeit.** Daher sind Menschen mit viel Luft häufig in kreativen und kommunikativen Berufen zu finden: als Fernsehmoderator, Künstler, Journalist, Autor oder Politiker. Gerade in der Politik zeigt sich ein hoher Luft-Anteil in blütenreichen und ausweichenden Formulierungen. Luft-Menschen entkommen gekonnt (fast) jeder Journalisten-Frage.

Es fällt ihnen leicht, Analogien herzustellen – zwischen Wissenschaft und Werbesprüchen ebenso wie zwischen Kindererziehung und Komik. Dabei überschreiten sie mühelos fachliche Grenzen und haben großen Spaß am

Fabulieren, was ihnen vor allem in der Werbebranche zu Gute kommt. Ihre große Flexibilität beim Denken bezahlen sie allerdings mit einer schwächer ausgeprägten Fähigkeit, ihre Gedanken zu fokussieren.

Während das Feuer selbst bewegt, ist die Luft beweglich. Luft setzt sich keine Grenzen – Menschen mit viel Luft brauchen daher oft Druck von außen, um Arbeiten abschließen und Termine einhalten zu können. Im Gegensatz zu Menschen mit hohen Feuer-Anteilen arbeiten Luft-Dominierte besser in geordneten Strukturen am Arbeitsplatz. Jobs mit Home-Office liegen ihnen nicht besonders, da es ihnen schwer fällt, sich selbst eine Arbeitsatmosphäre zu schaffen und konzentriert bei einer Aufgabe zu bleiben – zu viele Ablenkungen halten sie immer wieder von ihrer eigentlichen Arbeit fern. Oft haben Luft-Menschen ihr ganzes Leben lang Probleme mit ihrem Zeitmanagement. Da ihnen die Vision mehr liegt als die Verwirklichung ihrer Träume, eignen sie sich nicht für komplexe, detailorientierte Aufgaben. Sie sind doch eher „Luftikusse".

Menschen mit hohen Luft-Anteilen **interessieren sich vielseitig** und absolvieren nicht selten mehrere sehr unterschiedliche Ausbildungen. Sie gehen lieber in die Breite als in die Tiefe des Wissens, sind sozusagen Hans-Dampf-in-allen-Gassen. Die breite Palette an Wissensgebieten in Kombination mit hoher kommunikativer Kompetenz prädestiniert sie unter anderem für den Lehrberuf.

Manchmal hindert sie die Vielseitigkeit jedoch daran, ihre Ideen zu konkretisieren oder Aufgaben zu Ende zu bringen. Haben sie einmal gecheckt, worum es geht, erlahmt ihr Interesse auch sehr schnell. Sie stellen gerne Hypothesen auf – verifizieren sollten sie jedoch andere. Meisterhaft sind sie im Unvollendeten: Neben ihrem Bett stapeln sich Unmengen halb gelesener Bücher, sie horten Ideen zu nie in Angriff genommenen Projekten oder eine Materialsammlung für eine jahrelang aufgeschobene Dissertation. Damit sie ein Buch zu Ende lesen oder eine Aufgabe ganz erfüllen muss, die Faszination schon sehr groß sein. Es wird ihnen einfach leicht langweilig.

Luft-Dominanz zeigt sich auch in einer ausgedehnten Selbstfindungs-phase. Wer viel Luft in seiner Persönlichkeit vereint, stellt sich lebens-länglich die Frage, wer er oder sie denn eigentlich sei. Und ob nicht ein anderer Beruf doch besser passen würde, ein alternatives Hobby oder eine neue Lebensform. Sprunghaftigkeit gehört zu ihrem Wesen, damit müssen sich Luft-dominierte Menschen und ihre Umgebung abfinden.

Menschen mit ausgeprägter Luft oszillieren häufig zwischen ihren Bin-dungsbedürfnissen und -ängsten. Sie beginnen eine zusätzliche Liebes-beziehung, nicht so sehr um ihr Selbstbewusstsein aufzupolieren wie manchmal Männer mit unerlöstem Feuer, sondern aus Angst, etwas zu ver-säumen. Bei manchen Menschen drückt sich die Luft verstärkt im berufli-chen Bereich aus: Sie sammeln Ausbildungen, sind eifrige Seminar-Touris-ten und bilden sich nach der Devise des lebenslangen Lernens fort.

Sehr wichtig ist Menschen mit ausgeprägter Luft die Kommunikation. Sie unterhalten sich gerne, besonders in informellen Gruppen, während der Pause beim Kaffee – und durchaus auch gern bei einer Zigarette. Wild-fremde Menschen sprechen sie rundheraus an: Wenn sie gerade mit ih-nen zusammen im Lift fahren, auf den verspäteten Bus warten oder beide die ersten Sonnenstrahlen im Frühling genießen.

Wer viel Luft und gleichzeitig ein starkes Feuer in sich vereint, kommuni-ziert gerne, um andere zu überzeugen oder um etwas zu verkaufen. Die Kombination von Luft und Wasser hilft dabei, andere Menschen persön-lich kennen zu lernen und auch sehr Privates über sie zu erfahren.

Witz und Humor sind untrennbar mit Luft-Anteilen ver-bunden. Oft dient der Witz auch als kommunikative Brücke zu anderen Menschen und wird gern im Erst-kontakt eingesetzt. Wichtig dabei ist es den Luft-Domi-nierten auch, maximale Wirkung zu erzielen. Sie reißen ihre Witze auch schon einmal so laut, dass das gesamte Lokal mithören kann und eventuell darauf reagiert.

Witz und Humor sind untrennbar mit Luft-Anteilen verbunden.

Menschen mit hohen Luft-Anteilen bewegen sich gerne an der frischen Luft, sind sportlich und probieren immer wieder neue Sportarten aus. Im Gegensatz zum Feuer braucht die Luft keine Bestätigung im sportlichen Wettkampf. Priorität genießt der olympische Gedanke: Dabei sein ist alles. Menschen mit unerlösten Luft-Anteilen bekommen ihren Bewegungsdrang oft nicht wirklich unter Kontrolle. Ständig wippen sie mit einem Bein, zappeln und haben andere Tics.

Optimismus und Bestätigung als treibende Kräfte

Hohe Luft-Anteile machen Menschen durchwegs zu angenehmen Gesprächspartner: Sie kommunizieren offen und denken lösungsorientiert. Sie agieren humorvoll und locker, neigen allerdings dazu, die Tatsachen durch die sprichwörtliche rosa Brille zu sehen. Einerseits nehmen sie das Leben leicht, andererseits lassen die Zügel auch oft zu sehr baumeln. Während viel Erde in der Persönlichkeit zu Pessimismus führt, zeichnet sich Luft durch einen unbezwingbaren Optimismus aus, der als treibende Kraft spürbar ist. Diese lockere Lebenseinstellung mündet manchmal darin, dass sich Luft-Dominanz auch in Selbstüberschätzung manifestiert: Da werden überfordernde Aufgaben übernommen oder ein Arbeitspensum, das für den vorhandenen Zeitrahmen viel zu groß ist. Außerdem wächst die Skepsis unter Kollegen, wenn jemand im Team auf Herausforderungen stets mit den Worten „Das ist eh easy, das schaffen wir locker" reagiert. Dann fühlen sie sich mit ihren Bedenken nicht ernst genommen. Die positive Seite dieses außergewöhnlich ausgeprägten Optimismus, der aus viel Luft resultiert, besteht darin, dass Menschen mit dominanter Luft andere mitreißen und aus ihrer pessimistischen Stimmung befreien können.

Die Luftigen sehen in allem zuerst die Chance und nicht das Risiko. Wo immer es möglich erscheint, stellen sie Freude und Spaß in den Vordergrund ihres Tuns.

die persönliche Bestätigung ist eminent wichtig für Luft-dominierte Menschen ist. Oft nehmen sie nur deshalb die Kommunikation auf, um ein Feedback zu erhalten. In jenen Büchern, die sie mit Freude lesen, finden sie ihre Meinung abgedruckt. Sie geben auch selbst häufig Rückmeldung zum Tun anderer und sparen dabei nicht mit Lob und Anerkennung. Das tun sie nicht ganz ohne Hintergedanken: Sie versuchen, beim Gegenüber ein Feedback geradezu herauszufordern. Dieses Bedürfnis nach häufiger Bestätigung resultiert daraus, dass Luft-Menschen sich selbst oft nicht richtig wahrnehmen – ihr eigenes Image ist sogar für sie selbst etwas Flüchtiges.

Da sie sich stets latent als defizitär betrachten, absolvieren sie unzählige Ausbildungen; sie sind echte Wissenssammler. Trotzdem begleitet sie manchmal lebenslänglich die Versagensangst. Menschen mit viel Luft reflektieren ihre Situation schnell und laufen dabei Gefahr, eher auf einer Metaebene zu landen als im Hier und Jetzt zu leben. Bevorzugt loten sie in jedem Moment aus, wie ihre aktuelle Lage noch zu optimieren wäre. Durch ihre Sprunghaftigkeit kommen sie nicht wirklich zur Ruhe. Dafür sind sie gute Ratgeber, denen es mühelos gelingt, rasch die Perspektive zu wechseln und die Position eines anderen Menschen nachzuvollziehen.

Wer viele **unerlöste Luft-Anteile** in sich trägt, braucht die Bestätigung durch andere so sehr, dass er oder sie Gefahr läuft, in hektische Betriebsamkeit zu verfallen, wenn ein erhofftes Lob auf sich warten lässt. So kann eine unerfahrene Trainerin oder ein Junglehrer bei ausbleibendem Feedback der Unterrichteten dazu neigen, noch mehr zu reden, ausschweifend zu erklären und das Gesagte mit ausladenden Gesten zu unterstreichen, um die Gruppe oder Klasse zur Aktivität zu motivieren. Nicht selten mit dem gegenteiligen Effekt: Die Gruppe fühlt sich niedergeredet und klinkt sich geistig aus.

Menschen mit **hohen Luft-Anteilen** müssen erst lernen, sich auch ohne Bestätigung von außen wohl zu fühlen.

QUALITÄTEN DER LUFT: SELBSTAUSDRUCK, STAUNEN UND LEICHTIGKEIT

Während das Selbstbewusstsein zu den Qualitäten des Feuers gehört, pflegen Luft-Dominierte analog dazu den Selbstausdruck, also die Fähigkeit, ihren eigenen Willen und die eigenen Bedürfnisse in passende Worte zu fassen. Optimal entwickelte Luft bringt eine kreative Kommunikationsfähigkeit mit sich, eine Art sich selbst zu präsentieren und sich gekonnt auszudrücken. Im Gespräch geht es Persönlichkeiten mit viel Luft nicht darum, eine Rolle anzunehmen, nur um dem Umfeld besser zu gefallen oder die Zugehörigkeit zu einer Gruppe vorzutäuschen. Vielmehr beinhaltet der Selbstausdruck der Luftigen die Fähigkeit, sich ein **eigenes Weltbild** zu schaffen und danach zu leben – ohne sich um die Urteile anderer zu kümmern. Ein starker Selbstausdruck scheut auch die Nähe zum Narren nicht. Den Alltag ein wenig zu ver-rücken, um eine ganz andere Perspektive zu erhalten, passt gut zu den Luft-Anteilen der Persönlichkeit. Im Fokus stehen die Schönheit und Leichtigkeit des Lebens; Menschen mit hohen Luft-Anteilen sind begnadete Hedonisten.

Luft-Dominierte erkennt man an ihrer **offenen Art:** Anstatt ein Urteil über Andersdenkende zu fällen, staunen sie über deren Ansichten. Sie begegnen Menschen und Situationen vorurteilsfrei und erwartungslos. Diese offene Haltung zeigt sich auch in ihrem Konfliktverhalten, indem sie jede Auseinandersetzung unabhängig von vorangegangenen führen und nicht gleich sämtliche alten Rechnungen begleichen müssen. Anderen Menschen begegnen sie ohne Hintergedanken – einfach so und nicht zweckorientiert. Sie können sich noch wundern wie Kinder. Die Kehrseite dieser ungezügelten Freude an allem Neuen, der Widerpart der Offenheit und Neutralität zeigt sich dann, wenn ihr Staunen in völlig unkritische Naivität umschlägt. Frei nach dem Motto: Wer für alles offen ist, kann nicht ganz dicht sein.

Kommt es zum Streit, fühlen sich Menschen mit ausgeprägter Luft nicht sofort angegriffen, sondern bleiben auch in kritischen Situationen locker. Bevor sie einen Angriff wittern, wundern sie sich einmal über die völlig konträren Ansichten ihres Gegenübers. Fehlt dieses Staunen – bei mangelnden Luft-Anteilen – lässt es sich noch bewusst entwickeln und als Strategie in Konflikten einsetzen. Wer über die außergewöhnlichen Einstellungen oder Taten seiner Mitmenschen staunt, stellt andere Fragen und reagiert anders als jemand, der die Person oder Situation gleich bewertet oder gar verurteilt. Das Staunen als wertneutrale Form des Zuganges kann aber auch vor den Gefühlsausbrüchen anderer bewahren: Auf einen Aggressionsausbruch seiner Chefin oder seines Partners mit Staunen zu reagieren, verhindert eine sofortige, reflexhafte Schulddiskussion.

Luft befähigt dazu, sich von einer Leichtigkeit durchs Leben tragen zu lassen. Menschen mit viel Luft vertreten die Ansicht, dass auch das irdische Dasein Spaß machen dürfe und dass es erlaubt sei, Ernstes locker zu nehmen. Sie trennen nicht so streng zwischen Arbeit und Freizeit; Entscheidungskriterium ist vielmehr, ob ihnen ihre Tätigkeit Spaß macht und Befriedigung verschafft oder eben nicht.

Luft befähigt dazu, sich von einer Leichtigkeit durchs Leben tragen zu lassen.

Treffen sie auf Menschen mit dominanter Erde, werfen ihnen diese oft vor, sie gingen nicht seriös genug an ihre Arbeit heran, weil sie es nur lustig haben wollten. Dabei verfolgen Menschen mit hohem Luft-Anteil ihre beruflichen Ziele mit großem Engagement – zumindest solange sie sich mit diesen identifizieren können. Arbeit und Vergnügen stellen für sie eine gelungene Kombination und keinen Widerspruch dar – wobei sie sich lieber als Werkende, „ein Werkstück Schaffende", sehen, denn als Arbeitende. Im Zuge ihrer kreativen Tätigkeit lassen sie sich nicht gerne einschränken. Sie brauchen zwar einen definierten Arbeitsort, um sich nicht in Nebentätigkeiten zu verlieren, aber ihre Arbeitszeit sollte nicht zu rigide geregelt sein. Nur ungern werden sie im Prozess ihrer Entfaltung unterbrochen; egal, ob sie ihr privates Tun beenden und zur Arbeit gehen müssen oder eine Aufgabe im Job unterbrechen sollten, weil der Arbeitstag offiziell zu Ende ist.

DIE GEFAHREN UNERLÖSTER, UNREIFER LUFT

Alle Elemente können sich auch in unerlöster Form im menschlichen Charakter manifestieren, eben indem die besonderen Qualitäten dieses Naturelements nicht voll entwickelt oder unterdrückt werden. Im Falle der Luft zeigt sich das Unerlöste in **mangelndem Selbstausdruck,** im permanenten Erfüllen fremder Rollenerwartungen. Dann spielen Menschen mit ausgeprägter Luft den Klassenkasperl oder Pausenclown, geben sich extrem lustig, um beliebt zu sein und finden keine Ausdrucksmöglichkeit für ihre ebenso vorhandene melancholische Seite.

Wer mit seiner Luft nicht im Reinen ist, kämpft damit, authentisch aufzutreten – das lässt sich aber trainieren. Ebenso die Fähigkeit, sich selbst genügend Eigenraum zu nehmen. Menschen mit unerlöster Luft schaffen es oft leichter, sich in eine Gemeinschaft einzuordnen und dort zu funktionieren, als es ihnen gelingt, sich selbst den erforderlichen Freiraum zu nehmen und sich für die eigenen Bedürfnisse einzusetzen.

Blockierte Luft zeigt sich in Pessimismus und übertriebener Ängstlichkeit. Menschen mit unerlöster Luft erleben sich selbst, andere, aber auch ihre derzeitige Situation überwiegend defizitorientiert.

Da sieht der Vater seine Tochter, sobald sie sich ein Motorrad gekauft hat, vor dem inneren Auge schon verletzt im Straßengraben liegen. Die Erleichterung darüber, dass seine Elterntaxi-Fahrten nun seltener gefragt sein werden, dringt hingegen gar nicht in sein Bewusstsein. Auch die Angst vor Veränderungen jeglicher Art bremst Menschen mit unerlösten Luft-Anteilen. Während sich Persönlichkeiten mit viel freier Luft mühelos auf neue Situationen einstellen und in unterschiedlichste Themen und Lebenswelten geradezu eintauchen können, stehen sich Menschen mit blockierter Luft da selbst im Weg. Es mangelt ihnen generell an Flexibilität. Oft strukturieren sie ihre Zeit streng – sonntags sehen sie den Krimi im Hauptabendprogramm an und jeden ersten Dienstag im Monat gehen sie zur Kosmetikerin – der Widerpart der Leichtigkeit ist die Strenge.

Auch vom typischen Staunen bleibt nichts übrig, wenn sich die Luft-Anteile nicht frei entfalten können. Menschen mit blockierter Luft haben ihr inneres Kind – bildlich gesprochen – zu Grabe getragen. Das Lustvolle und Verspielte des letztlich doch weisen Hofnarren ist ihnen fremd; der lockere Umgang mit den oft herausfordernden Seiten des Lebens unmöglich.

> *Menschen mit blockierter Luft haben ihr inneres Kind – bildlich gesprochen – zu Grabe getragen.*

Oft wurden die **Luft-Anteile durch Erziehung blockiert:** Den Betroffenen wurde es regelrecht aberzogen, ihren eigenen Standpunkt zu vertreten, sich frei heraus zu äußern und gut für sich selbst zu sorgen. Aus dem geordneten Alltag auch einmal auszubrechen, weil es die Situation erfordert oder weil sie einfach Lust dazu verspüren, fällt ihnen in Folge dessen sehr schwer.

Aber auch ein **Übermaß an Luft** ist nicht immer leicht zu handhaben: Es zeigt sich in Zerstreutheit, Unentschlossenheit und Sprunghaftigkeit. Die menschlichen Beziehungen der Luft-Dominierten leiden unter zu viel Unverbindlichkeit und mangelnder Bindungsfähigkeit. Im Berufsleben fallen Menschen mit extrem dominanter Luft dadurch auf, dass sie keine Deadlines einhalten und Aufgaben nur unter entsprechendem Druck zu Ende bringen.

Auch Dauerredner sind häufig stark Luft-dominierte Personen: Sie können eine ganze Nacht am Bartresen verbringen und immer im Gespräch bleiben, mit dem Barkeeper oder der neben ihnen Sitzenden. Nie geht ihnen der Gesprächsstoff aus und sie finden bei jedem Menschen einen thematischen Anknüpfungspunkt. Die Kehrseite dieser kommunikativen Begabung besteht allerdings darin, dass sie einfach nicht wissen, wann sie genug geredet haben.

Zu viel Luft manifestiert sich auch in einer gewissen Haltlosigkeit: Menschen mit Luft im Übermaß neigen zu Tagträumen, finden nirgendwo Orientierung und werden zu Aussteigern aus der Gesellschaft oder konsumieren Drogen.

Eine ihrer Lieblingsdrogen ist das Nikotin – häufig zählen luftige Persönlichkeiten zu den Rauchern. Auch die Psychosomatik ordnet der Luft die Atemwege als korrespondierende Organe zu: Typische Erkrankungen bei unterdrückter Luft sind Bronchitis, Asthma und chronisch verstopfte Nase. Aber auch Nervenerkrankungen wie die Manie sind mit Luft assoziiert.

DIE ÄUSSEREN SYMBOLE DER LUFT

Äußerlich zeigt sich viel Luft sehr anschaulich in der modischen Erscheinung. Dabei sind zwei Varianten zu beobachten: Entweder folgen Luft-Dominierte dem letzten **modischen Schrei** oder sie kleiden sich ganz bewusst **nonkonform.**

Luft entspricht dem Prinzip der Pubertät – Menschen mit viel Luft befinden sich in einer permanenten Selbstfindungsphase, die sich auch durch wechselnde modische Stile ausdrücken kann. Optische Signale sind ihnen durchaus wichtig; selbst wenn sie betont chaotisch gekleidet sind. Viele von ihnen haben ein feines ästhetisches Gespür, auch für ungewöhnliche Kombinationen. Sie kaufen Einzelstücke in hippen Berliner Läden, durchforsten Edel-Second-Hand-Shops oder ziehen generell nur Jeans und schwarze T-Shirts an. Ihre Individualität drücken sie gerne über ihr modisches Erscheinungsbild aus. Dabei neigen sie eher zu einem lässigen als zu einem eleganten Stil.

Eine spezielle Form von Bestätigung holen sie sich, indem sie sich wie berühmte Persönlichkeiten stylen: Frisur und Kleidung wie Elvis oder als naturgetreue Kopie eines Spice Girls. Nicht nur die Kleidung macht luftige Leute – auch Accessoires, wie auffallende Brillen, unterstreichen ihren Charakter.

Menschen mit viel Luft folgen rasch den neuesten modischen Trends, tragen ein freakiges Armband oder ziehen als Mann ein rosa Hemd an (wenn das gerade angesagt ist). Luft-Feuer-Persönlichkeiten zeigen sich sportlich-elegant, durchaus mit Sakko oder Blazer und einer Designer-Uhr. Wer Luft mit Wasser kombiniert, erscheint stilvoll, aber eher lässig gekleidet, auch im Bereich des Managements – mit Schal statt Krawatte oder einem außergewöhnlichen Shirt anstelle der obligaten Bluse. Auch Luft-Erde-Persönlichkeiten sind modisch interessiert. Ihre Besonderheit besteht in der Perfektion: Zwar tragen sie bevorzugt fröhliche Farben, die aber stets optimal aufeinander abgestimmt sein müssen. Da harmonieren Bluse und Schal sogar mit dem Karo auf den Socken. Auch in ihrem Lebensstil bewegen sich Menschen mit hohen Luft-Anteilen gerne außerhalb der Norm. Der passendste Wohnraum für sie ist das Loft: ein umfunktionierter Dachboden oder Industriebau, in dem ein Zimmer oft eine ganze Etage umfasst. Der Raum gibt wenig Struktur vor, ist vielseitig nutzbar und erfordert Kreativität beim Gestalten. Außerdem verfügt er meist über eine außerordentliche Raumhöhe – und damit über viel Luft. Sofern nicht die unendlichen Regale für Bücher, CDs und andere Medien alles verstellen...

Dominante Luft zeigt sich auch in einem (pseudo)**lockeren Lebensstil** und ausgeprägtem Jugendwahn. Menschen mit viel Luft kaufen sich in der Midlifecrisis eine Vespa und geben sich damit betont jugendlich und locker. Während das Feuer sich in Eitelkeit manifestiert und die Erde in Perfektion, passt zur Luft die ewige Jugend und Verspieltheit. Äußere Symbole sollen stellvertretend das leichte, verspielte Lebensgefühl der jungen Jahre wiederbringen.

Typische Getränke für Luft-Dominierte sind Aperolspritzer oder Prosecco – leicht, prickelnd und gerade „in".

Auch im Freizeitverhalten bevorzugen Menschen mit hohem Luft-Anteil das Nonkonforme: Sie bauen sich ihr eigenes Boot oder renovieren ein verfallenes Haus in the middle of nowhere – mit dem Ziel, sich komplett aus dem Alltag auszuklinken und dort „endlich einmal richtig zu leben". Trotzdem ist eigentlich der Weg dorthin – der Bootsbau oder die Hausrenovierung – die befriedigendste Phase, und nicht unbedingt das Ankommen am Ziel. Um dem Alltagstrott kurz zu entfliehen, buchen luftige Menschen auch gerne zwischendurch einmal einen Städteflug.

DIE INNERE LUFT ENTWICKELN

Die innere Luft zu entwickeln bedeutet, zu sich zu stehen und sich auf ganz eigene Art auszudrücken lernen. Ebenso zu reflektieren, welche Verhaltensweisen den eigenen Bedürfnissen und Überzeugungen entspringen und welche anerzogen und eigentlich nur ein Rollenspiel sind. Auf die Erkenntnis folgt im Optimalfall die Handlung, das Aussprechen der eigenen Wünsche, Gedanken und Positionen.

Zwar erfordert es anfangs ein wenig Übung, aus den bisherigen Gewohnheiten auszubrechen und auch einmal verrückte Handlungen zu setzen, aber es lohnt sich.

Die Entwicklung der inneren Luft beinhaltet auch, sämtliche Glaubenssätze und Prinzipien des Gewissens auf den Prüfstand zu stellen. Was wurde mir von den Eltern, der Schule, dem Partner oder der Chefin eingetrichtert und was entspringt meiner eigenen Erkenntnis? Die Freiheit der Luft wird dort bestmöglich genutzt, wo anerzogene Werthaltungen hinterfragt und nur jene Teile davon übernommen werden, die auch mit dem eigenen Empfinden harmonieren.

Wer die innere Luft gut entwickelt hat, **lebt nach den eigenen Spielregeln,** füttert das Gewissen nur mit ausgewählten Ge- und Verboten und schafft es mühelos, das Leben aus mehreren Perspektiven zu betrachten. Die Leichtigkeit des Seins zeigt sich dann im Hinterfragen aller bisherigen Zwänge, aber auch in der Zwecklosigkeit des eigenen Tuns – plötzlich fährt man nicht mehr in die Stadt, um eine neue elektrische Zahnbürste zu kaufen, sondern um zu flanieren und abzuwarten, was sich dann noch ergeben könnte.

BELIEBTE, ABER ENTSCHEIDUNGS-SCHWACHE CHEFS

Ihre optimistische und lockere Lebenseinstellung macht Menschen mit hohen Luft-Anteilen zu beliebten Führungskräften. Sie lassen auch ihren Mitarbeitern **viel Freiraum** und pflegen einen Führungsstil des Laissez-faire. Diese Medaille hat allerdings auch ihre Kehrseite nämlich dann, wenn der schwach ausgeprägte Führungsanspruch als Entscheidungsschwäche interpretiert wird. Führungskräfte, die es allen recht machen wollen, geben oft keine klare Richtung vor – denn die läuft dann sicher wieder jemandem zuwider. Optimal ist es daher, wenn eine Führungskraft sowohl über ausgeprägte Feuer- als auch über entsprechende Luftanteile verfügt.

Ist die Durchsetzungskraft durch ausreichend Feuer sichergestellt, treten die Vorteile der Luft zu Tage: Luftige Menschen entwickeln gerne neue Strategien und visionäre Zukunftsmodelle. Sie sehen bei ihren Kunden viel Potenzial, an dessen Entwicklung sie mitwirken wollen. Wer über ausreichend Luft verfügt, gibt viel positives Feedback an sein Team weiter und fördert den regen Austausch unter den Mitarbeitenden.

Allerdings führt ein Luft-Überhang oft zu **unkonkreten** Arbeitsanweisungen und mangelnder Kontrolle. Der Luft-Chef oder die Luft-Vorgesetzte setzen sehr viel Vertrauen in ihr Team und dessen Selbstregulierungsfähigkeit. Damit ermöglichen sie einerseits die kreative Entfaltung ihrer Arbeitsgruppe, übersehen aber andererseits manchmal den Punkt, an dem ihr Eingreifen unerlässlich ist.

Ihre hohe Position haben sie sich oft durch ihre kommunikative Begabung errungen – oder „erredet". Diese ausgeprägte Kommunikationsfähigkeit führt dazu, dass sie sehr tragfähige Netzwerke bilden und in allen beruflichen Sparten über Vertraute verfügen. Manchmal können sie ihre Position nur aufgrund dieses beeindruckenden Networkings stabilisieren. Denn so gut sie sich auch verbal darstellen können, an Fachkompetenz mangelt es ihnen manchmal doch. Darunter leidet dann ihr Team.

Vorsicht ist geboten, wenn der Hang zur überbordenden Gesprächigkeit der Luft-Dominierten dazu führt, dass sensible Informationen nach außen getragen werden. Oft sorgen Führungskräfte mit hohem Luft-Anteil in ihren Unternehmen oder Arbeitsgruppen für eine familiäre Arbeitsatmosphäre – mit allen Vor- und Nachteilen dieser Konstellation. Der Umgang untereinander ist unkompliziert, es wird mit Spaß an die Arbeit gegangen und auch private Befindlichkeiten haben Platz. Der Nachteil dieser Atmosphäre liegt darin, dass ein allzu familiärer Umgang auch zu einem Mangel an Privatsphäre führen kann: Sind die beiden Bereiche nicht sauber getrennt, berühren berufliche Konflikte eher auch das Privatleben – und umgekehrt.

Der Umgang untereinander ist unkompliziert, es wird mit Spaß an die Arbeit gegangen und auch private Befindlichkeiten haben Platz.

Da Menschen mit hohen Luft-Anteilen sehr eigeninitiativ handeln und ihr Know-how auch freigebig zur Verfügung stellen, üben sie neben ihrem Job meistens auch noch ein paar kleine Ämter aus, sind Schriftführerin im Gesangsverein, Elternvertreter oder managen nebenher den örtlichen Philatelisten-Club. Sie engagieren sich überall, vernetzen ihre Bekannten optimal, laufen aber durch ihre Vielseitigkeit Gefahr, sich zu verzetteln und sich auf keine ihrer vielen Aufgaben mehr richtig konzentrieren zu können.

UNTERHALTSAME UND INSPIRIERTE MITARBEITER

Im Team geben sich Mitglieder mit hohen Luft-Anteilen unterhaltsam, **emotional und gesellig** und knüpfen rasch Freundschaften. Daher sind sie auch unter den Kollegen beliebt. Sie übernehmen gerne spontan neue Aufgaben und haben die Gabe, um sich herum eine informelle, ungezwungene Atmosphäre aufzubauen. Um ihr Potenzial zur vollen Entfaltung zu bringen, brauchen sie Spaß an der Arbeit und regelmäßige Zeichen der Anerkennung. Mit der nötigen Portion Selbstbestätigung gehen sie motiviert an ihre Arbeit – solange es sich nicht um Detailaufgaben handelt, die besondere Geduld erfordern. Lieber entwickeln sie eine große Vision, als dass sie die Tippfehler in einem Endbericht ausbessern.

Durch die Kombination ihrer Inspiration mit ihren kommunikativen Fähigkeiten gelingt es ihnen mühelos, andere für ihre Ideen zu gewinnen und mit ihrer optimistischen Einstellung anzustecken.

Bekommen sie ausreichend Gelegenheit geboten, positive Beziehungen innerhalb des Teams und zur Kundschaft aufzubauen sowie die Möglichkeit, ihre eigenen Gedanken und Gefühle einzubringen, gehen Mitarbeiter mit viel Luft besonders engagiert an ihre Arbeit heran. Von ihren Vorgesetzten und den übrigen Team-Mitgliedern erhoffen sie ein sofortiges mündliches Feedback zu ihrer Arbeit und Vorgehensweise. Bleibt diese Rückmeldung aus, werden sie schnell unsicher, so sehr hängen sie von bestätigenden Worten ab.

Schwierig wird es, wenn sie Kritik einstecken müssen. Sowohl negative Bemerkungen zu ihrer Arbeit als auch Widerstand gegen ihre Person wecken Urängste in ihnen. Sie sind daher auf eine wertschätzende Konfliktlösungsstrategie ihrer Mitmenschen angewiesen – das sollten vor allem ihre Partner und Vorgesetzten berücksichtigen.

Am liebsten arbeiten sie mit ebenso kommunikativen und offenen Kollegen zusammen, was bei der Zusammenstellung von Teams im Auge behalten werden sollte. Menschen, die sich in ihrer Arbeit nur auf die Sachebene konzentrieren und alles Emotionale ausblenden, passen nicht wirklich zu ihnen.

Mitarbeitende mit ausgeprägter Luft sind Kinder der Freiheit: Zwar brauchen sie einen festen Rahmen, innerhalb dessen sie sich bewegen können, aber allzu starre Strukturen und feste Termine demotivieren sie ebenso wie langweilige Routinearbeiten.

REDSELIGE UND BEGEISTERTE KUNDEN

Kunden mit ausgeprägter Luft stellen ganz eigene Anforderungen an das Verkaufspersonal. So wie im Team reden sie auch beim Verkaufsgespräch gerne und ausführlich – und nicht unbedingt nur über den Fernseher oder Jogging-Anzug, den sie gerade erwerben möchten. Sie erzählen Episoden aus ihrem Leben, schweifen vom Thema ab und kommen dann ganz unerwartet wieder zur Sache zurück. Wenn sie ein Verkaufsgespräch beginnen, schauen sie nicht auf die Uhr und nehmen sich alle Zeit der Welt. Dasselbe erwarten sie auch vom Verkaufspersonal. Haben sie allerdings einmal eine Kaufentscheidung getroffen, folgt der Vertragsabschluss rasch und unproblematisch.

Verfügt das Produkt, das sie erwerben wollen, über ein innovatives, modernes Image und verspricht einen Statusgewinn, sind Kunden mit hohen Luft-Anteilen schnell dafür zu begeistern. Erfahrene Verkäufer weisen ihre Luft-Kunden gerne darauf hin, wie gut sie in ihrem persönlichen und beruflichen Umfeld dastehen werden, wenn sie dieses oder jenes besitzen. Es empfiehlt sich, im Verkaufsgespräch mit dieser Kundschaft persönliche Erfahrungen und Meinungen einzubringen. Luft-Kunden wollen wissen, mit wem sie es zu tun haben und was das Verkaufspersonal über das Produkt denkt. Verspricht die „spacige" Kaffeemaschine, was sie hält, oder ist sie einfach nur hübsch und besonders schwierig zu reinigen?

Kundschaft mit hohem Luft-Anteil weiß es auch zu schätzen, wenn sie im Verkaufsgespräch eigene Vorschläge einbringen kann. Wer ihnen Respekt und emotionale Offenheit entgegen bringt, hat sie als Vertragspartner oder Kunde gewonnen.

Menschen mit dominanter Luft stellen im Verkaufsgespräch gerne Fragen, die mit „wer?" beginnen: Wer sind Sie in diesem Unternehmen? Wer benutzt Ihre Produkte noch?

ENTHUSIASTISCHE UND CHAOTISCHE PARTNER

Menschen mit hohem Luft-Anteil in der Persönlichkeit betrachten das Leben von der lockeren Seite, stecken ihren Partner oder ihre Partnerin mit ihrem unverkennbaren Optimismus an und gewähren ihrem Gegenüber viel Freiraum. Auch an ihren Erfolgen darf der oder die andere teilhaben. Wichtig ist ihnen aber schon, dass sie ihre Geliebte oder ihren Ehemann beeindrucken und dass sie von ihnen bewundert werden – ebenso wie von ihrem gesamten Umfeld.

Sie ergreifen oft selbst die Initiative, wenn es darum geht, eine Beziehung zu beginnen. Menschen mit viel Luft sind im Freundeskreis sehr beliebt und bringen schnell Spaß in eine Runde. Sie denken sich immer neue Aktivitäten aus und inspirieren ihren Partner oder ihre Partnerin zum Mitmachen – egal ob es um eine Reise an einen exotischen Ort oder um das Ausprobieren einer nicht ganz alltäglichen Sportart geht. Außerdem punkten sie mit ihrer Bereitschaft, sich zu entschuldigen, wenn sie Unrecht begangen oder ihre Liebste oder ihren Partner beleidigt haben.

Menschen mit viel Luft sind im Freundeskreis sehr beliebt und bringen schnell Spaß in eine Runde.

Optimismus und Lockerheit können die Partnerschaften der Luft-Dominierten positiv beeinflussen, haben aber auch ihre Schattenseite: Viel Luft geht immer mit einer entsprechenden Menge an Chaos einher. Zu viel Sorglosigkeit in der Beurteilung von Problemen oder in der Einhaltung von Terminen kann den jeweiligen Partner schon gehörig auf die Nerven gehen. Menschen mit ausgeprägter Luft agieren wenig organisiert, hören oft nicht richtig zu, vergessen Verpflichtungen und die Erledigung der täglichen Hausarbeit und lassen sich leicht ablenken. Da sie Schwierigkeiten damit haben, Prioritäten zu setzen, kommt auch die Partnerschaft für sie nicht automatisch an erster Stelle – und ihre Liebsten fühlen sich neben den zahlreichen Freundschaften und spannenden neuen Bekanntschaften schon auch einmal zurückgesetzt.

Menschen, die mit Luft-dominierten Partnern zusammen leben, müssen zwischendurch auch klare Grenzen setzen.

Luftikusse übernehmen oftmals auch für ihre Partner die Beantwortung von Fragen.

LUFT-DOMINANZ BEI FEUER-, WASSER- ODER ERDE-SCHWÄCHE

Überwiegt die Luft stark zuungunsten eines anderen Elementes, zeigt sich das in spezifischen Charakterschwächen. Je nachdem, an welchem Element es mangelt, manifestiert sich die Luft-Dominanz auf besondere Weise.

Viel Luft in Kombination **mit wenig Feuer** bewirkt, dass ein Mensch zwar gut reflektieren und mühelos ein begründetes, logisch nachzuvollziehendes Urteil abgeben kann. Jedoch mangelt es ihm an brennender Leidenschaft. Das führt dazu, dass ihm spontane Entscheidungen aus dem Bauch heraus schwer fallen. Menschen mit Luft-Dominanz bei gleichzeitig verkümmertem Feuer knüpfen zwar viele Kontakte, gehen aber trotzdem eher distanziert an Menschen heran. Ihre zahlreichen Bekanntschaften reichen nicht in die Tiefe und entwickeln sich daher selten zu echten Freundschaften.

Menschen mit starken Luft-Anteilen und **gleichzeitig wenig ausgeprägtem Wasser** fühlen sich durch intensive Gefühle schnell bedroht. Um dieser Gefahr zu entgehen, analysieren und relativieren sie Emotionales sofort oder machen sich darüber lustig. Werden sie mit Leid und seelischer Not konfrontiert – mit eigener oder der ihrer Mitmenschen –, versuchen sie, das Problem so rasch wie möglich loszuwerden, um nur ja keine persönliche Betroffenheit aufkommen zu lassen.

Zuviel Luft und **zu wenig Erde** bringen Menschen in einen charakterlichen Schwebezustand. Dann bleiben sie lieber im Unverbindlichen, bevor sie auch nur einen kleinen Teil ihrer Freiheit opfern. Völlig losgelöst, unbeschwert und unbesorgt möchten sie durchs Leben gehen und damit den

Niederungen des Alltages entkommen. Lieber lassen sie flotte Sprüche vom Stapel als stapelweise Hemden zu bügeln. Menschen mit viel Luft und wenig Erde schweben in ihrer eigenen Vorstellungswelt und beanspruchen einen Sonderstatus für sich. Lässt sich ihr Gegenüber nicht auf dieses Spielchen ein und verlangt eine Landung in der Realität, machen diese Menschen gerne ihre Kollegin oder ihren Partner für den schmerzhaften Aufprall verantwortlich.

Wie reagieren Luft-dominierte Persönlichkeiten...

...wenn sie auf ein Hindernis treffen?

Menschen mit viel Luft reagieren eher überrascht, wenn sie auf ein Hindernis treffen – ihr Optimismus lässt sie generell nur mit dem Besten rechnen und nicht mit Widrigkeiten. Ihre Kreativität hilft ihnen aber dabei, rasch eine Lösungsstrategie zu entwickeln. Geht ihre Rechnung nicht auf und das Problem lässt sich nicht so einfach lösen, resignieren sie; ganz nach dem Motto „dann lassen wir es halt".

...wenn sie einen zwischenmenschlichen Konflikt lösen sollten?

Zwischenmenschliche Konflikte irritieren den optimistischen und stets lockeren Luft-Menschen – er strebt nach Harmonie, hält sie aber auch ein klein wenig für selbstverständlich. Viel Luft will sich möglichst auf keine komplizierte emotionale Diskussion einlassen. Entweder nehmen Menschen mit viel Luft einen Streitfall – und das Anliegen ihres Gegenübers – nicht ernst und ziehen sich mit einem oberflächlichen Scherz aus der Affäre. Oder aber sie verlassen den Schauplatz des Streits ohne den Konflikt auszutragen.

Vor allem Männer gehen bei auftretenden Zwistigkeiten gerne sporteln oder auf ein Bier und hoffen, dass sich das Problem in der Zwischenzeit von selbst löst. Bleibt dieses Wunder aus, reagieren sie ganz erstaunt. Frauen neigen eher dazu, die unterschiedlichen Positionen wortreich klären zu wollen.

Neben der Fluchttendenz zeigen Menschen mit ausgeprägter Luft beim Streiten auch ihre Kommunikationsstärke. Sie liefern sich zwar ein verbales Match mit ihrem Konfliktpartner, bleiben aber auf einer sachlichen Ebene, ohne persönlich untergriffig zu werden.

...wenn ihnen langweilig ist?

Langeweile kann Menschen mit hohem Luft-Anteil so richtig fertig machen. Sind sie unterfordert, fühlen sie sich eingesperrt im Gefängnis ihrer Langeweile. Ist ihnen fad, können sie daher Nerven aufreibend jammern, besonders in ihren jungen Jahren. Damit fordern sie ihr Gegenüber dazu auf, für mehr Abwechslung und lustvolle Beschäftigung zu sorgen. Erwachsene Menschen mit hohen Luft-Anteilen wechseln, sofern sie die Freiheit dazu haben, gerne den Schauplatz, um der Langeweile zu entkommen und suchen sich neue Betätigungsfelder. Schwieriger wird es, wenn sie am Arbeitsplatz die Routine erdrückt und sie der Situation nicht entkommen können. Fühlen sie sich ausreichend akzeptiert, um ihre Wünsche zu äußern, sprechen sie ihre Vorgesetzten durchaus auf die unbefriedigende Situation an und bitten um neue Herausforderungen.

Den stets hin- und hergerissenen Luft-Menschen kann es allerdings auch passieren, dass ihnen langweilig wird, weil sie sich nicht zwischen den vielen Optionen in ihrem Leben entscheiden können.

...wenn sie sich bedroht fühlen?

Menschen mit dominanter Luft reagieren auf bedrohliche Situationen durchaus überrascht. Aufgrund ihres Optimismus hätten sie eigentlich nicht mit einer Gefahrensituation gerechnet. Sind sie sich der Bedrohung erst einmal bewusst, versuchen sie, ihr mittels Kommunikation zu entgehen. Diese Strategie kann verschiedene Formen annehmen: Sie reden sich heraus und versuchen im Anschluss, so schnell wie möglich die Kampfzone zu verlassen. Oder sie machen aus dem Konflikt ein Spielchen und ziehen die Bedrohung ins Lächerliche. Möglicherweise verstricken sie ihr Gegenüber auch in ein endloses Gespräch und versuchen so, die Eskalation zu vermeiden, aber auch, ihren Widerpart zu zermürben. Ziel der Kommunikation ist es, möglichst ohne Konfrontation die Flucht antreten zu können.

...wenn sie vollen Handlungsspielraum haben?

Ihren Handlungsspielraum können Menschen mit hohen Luft-Anteilen nur dann konstruktiv nutzen, wenn sie gleichzeitig einen Rahmen oder eine Struktur vorgegeben bekommen. Bei grenzenloser Freiheit wissen sie manchmal nicht, wo sie anfangen sollen, zweifeln am Sinn ihres Tuns – und lassen es dann lieber ganz bleiben. Je nach Tagesverfassung agieren sie eher zielgerichtet oder bleiben mehr in ihren Tagträumen verhaftet.

Idealerweise bekommen sie einen Rahmen vorgegeben, die sie nicht als Einengung erleben, die ihnen aber die Richtung weist.

KURZ & BÜNDIG:
QUALITÄTSRASTER FÜR DAS ELEMENT LUFT

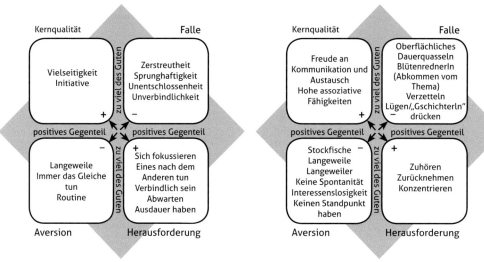

Kernqualität — Falle

Vielseitigkeit
Initiative

+

zu viel des Guten

Zerstreutheit
Sprunghaftigkeit
Unentschlossenheit
Unverbindlichkeit

−

positives Gegenteil — positives Gegenteil

−

Langeweile
Immer das Gleiche
tun
Routine

zu viel des Guten

+

Sich fokussieren
Eines nach dem
Anderen tun
Verbindlich sein
Abwarten
Ausdauer haben

Aversion — Herausforderung

Kernqualität — Falle

Freude an
Kommunikation und
Austausch
Hohe assoziative
Fähigkeiten

+

zu viel des Guten

Oberflächliches
Dauerquasseln
BlütenrednerIn
(Abkommen vom
Thema)
Verzetteln
Lügen/„Gschichterln"
drücken

−

positives Gegenteil — positives Gegenteil

Stockfische
Langeweile
Langeweiler
Keine Spontanität
Interessenslosigkeit
Keinen Standpunkt
haben

−

zu viel des Guten

+

Zuhören
Zurücknehmen
Konzentrieren

Aversion — Herausforderung

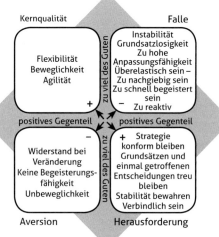

Kernqualität — Falle

Flexibilität
Beweglichkeit
Agilität

+

zu viel des Guten

Instabilität
Grundsatzlosigkeit
Zu hohe
Anpassungsfähigkeit
Überelastisch sein –
Zu nachgiebig sein
Zu schnell begeistert
sein
Zu reaktiv

−

positives Gegenteil — positives Gegenteil

−

Widerstand bei
Veränderung
Keine Begeisterungs-
fähigkeit
Unbeweglichkeit

zu viel des Guten

+

Strategie
konform bleiben
Grundsätzen und
einmal getroffenen
Entscheidungen treu
bleiben
Stabilität bewahren
Verbindlich sein

Aversion — Herausforderung

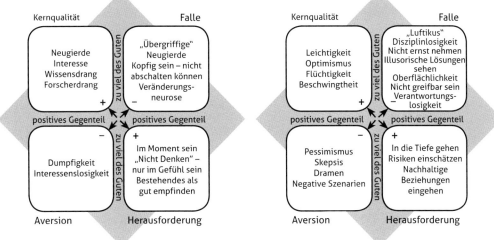

Erste Matrix (oben links):

Kernqualität
Neugierde
Interesse
Wissensdrang
Forscherdrang
+

zu viel des Guten

Falle
„Übergriffige"
Neugierde
Kopfig sein – nicht
abschalten können
Veränderungs-
neurose
−

positives Gegenteil   positives Gegenteil

−
Dumpfigkeit
Interessenslosigkeit

zu viel des Guten

+
Im Moment sein
„Nicht Denken" –
nur im Gefühl sein
Bestehendes als
gut empfinden

Aversion   Herausforderung

Zweite Matrix (oben rechts):

Kernqualität
Leichtigkeit
Optimismus
Flüchtigkeit
Beschwingtheit
+

zu viel des Guten

Falle
„Luftikus"
Disziplinlosigkeit
Nicht ernst nehmen
Illusorische Lösungen
sehen
Oberflächlichkeit
Nicht greifbar sein
Verantwortungs-
losigkeit

positives Gegenteil   positives Gegenteil

−
Pessimismus
Skepsis
Dramen
Negative Szenarien

zu viel des Guten

+
In die Tiefe gehen
Risiken einschätzen
Nachhaltige
Beziehungen
eingehen

Aversion   Herausforderung

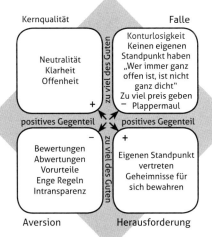

Dritte Matrix (unten):

Kernqualität
Neutralität
Klarheit
Offenheit
+

zu viel des Guten

Falle
Konturlosigkeit
Keinen eigenen
Standpunkt haben
„Wer immer ganz
offen ist, ist nicht
ganz dicht"
Zu viel preis geben
− Plappermaul

positives Gegenteil   positives Gegenteil

−
Bewertungen
Abwertungen
Vorurteile
Enge Regeln
Intransparenz

zu viel des Guten

+
Eigenen Standpunkt
vertreten
Geheimnisse für
sich bewahren

Aversion   Herausforderung

Kernqualitäten der Luft

Im Umgang mit Luft-dominierten Menschen fällt positiv auf, dass sie sehr vielseitig interessiert sind und spontan selbst die Initiative ergreifen. Damit reißen sie auch andere Menschen aus ihrer Lethargie. Sie haben Freude an Kommunikation und setzen sie mit großer Leichtigkeit ein: Egal, ob sie gerade ein Verkaufsgespräch führen, ihre Chefin überzeugen wollen oder ihrem Liebsten ein Kompliment machen. Großen Wert legen sie auf den Austausch mit ihren Gesprächspartnern.

Menschen mit viel Luft bringen Kreativität in ein Team, denn durch ihre hohen assoziativen Fähigkeiten erbringen sie schöpferische Höchstleistungen: Visionen entwickeln, Werbestrategien formulieren – all das liegt ihnen einfach. Sie sind flexibel, stellen sich schnell auf neue Situationen ein und stecken mit ihrer Beweglichkeit und Agilität auch zurückhaltende Menschen an.

Viel Luft prädestiniert Menschen für eine Karriere im Bereich der Forschung. Wer über viel Luft verfügt, zeigt Interesse an allem, will neues Wissen hervorbringen und mit anderen darüber diskutieren.

Luft ist am ungebrochenen Optimismus zu erkennen, an Leichtigkeit und Beschwingtheit, auch wenn der Alltag gerade nicht so rosig aussieht.

Menschen mit hohen Luft-Anteilen kommunizieren klar und offen und werden im Gespräch geschätzt, weil sie jede Situation neutral und für sich betrachten, ohne dabei alte Konflikte aufarbeiten zu wollen.

Fallen der Luft

Lockerheit und Leichtigkeit führen bei Menschen mit dominanter Luft allerdings auch dazu, dass sie zerstreut und sprunghaft agieren, unentschlossen sind und sich auf nichts festlegen lassen. Lieber verbleiben sie in der Unverbindlichkeit.

Ihr kommunikatives Talent wird ihnen manchmal zum Stolperstein: Da quasseln sie ohne Ende, weichen vom Thema ab, erzählen Halbwahrheiten und Lügengeschichten oder bleiben thematisch zu sehr an der Oberfläche.

Oft sind sie schnell von etwas begeistert, aber instabil in ihrer Meinung bis hin zur Grundsatzlosigkeit. Eher hängen sie sich an andere Meinungen an, als selbstbewusst ihre eigenen Werte zu vertreten. Auch ihre Nachgiebigkeit kann so ausgeprägt sein, dass sie ihnen nicht immer zum Vorteil gereicht.

Menschen mit hohen Luft-Anteilen interessieren sich für alles, sogar für die Geheimnisse ihrer Mitmenschen. Mit ihrer unbezähmbaren Neugier werden sie auch leicht übergriffig. Weil sie ihre Nase in alles stecken und überall mitreden wollen, verlieren sie zwischendurch die Fähigkeit, richtig abzuschalten und sich zu entspannen.

Ihrem Optimismus steht eine gewisse Disziplin- und Verantwortungslosigkeit gegenüber. Sie nehmen Probleme nicht wirklich ernst, bringen völlig illusorische Lösungsvarianten ins Spiel und entziehen sich im Konflikt ihrem Gegenüber. Sie vertreten in der Diskussion keinen eigenen Standpunkt und erscheinen dadurch geradezu konturlos. Problematisch wirkt sich auch ihre Neigung aus, im Gespräch zu viel von sich preiszugeben.

Herausforderungen der Luft

Auch grundsätzlich sehr luftige Menschen können lernen, nicht in die Fallen ihrer Luft-Anteile zu tappen. Ausdauer lässt sich trainieren, ebenso die Fähigkeit, eines nach dem anderen zu erledigen oder sich auf eine Aufgabe zu fokussieren. Ihr Umfeld dankt es ihnen besonders, wenn sie eine gewisse Verbindlichkeit erwerben: Termine einhalten, klare Zusagen machen...

Im Gespräch sollten sie lernen, sich selbst ein wenig zurückzunehmen und den anderen besser zuzuhören. Auch hier lohnt es sich, Konzentration zu üben.

Menschen mit dominanter Luft müssen oft erst trainieren, im Moment zu leben, das Bestehende als ausreichend zu empfinden und sich nicht gleich auf zu neuen Ufern zu machen. Sie profitieren davon, wenn sie vom „Im Kopf sein" wegkommen und besonderes Augenmerk auf ihre Gefühle legen.

In allem, was sie tun, sollten sie auf mehr Tiefe achten: Beispielsweise wenn es darum geht, aus zahlreichen Bekanntschaften einige wenige gute Freundschaften herauszukristallisieren und diese dann auch zu pflegen. Ebenso bei der Arbeit, wenn sie neben ihrer Euphorie auch mögliche Risiken in Betracht zu ziehen lernen.

Luftige Menschen sollten bewusst den eigenen Standpunkt in Diskussionen und Konflikten selbstbewusst vertreten, aber auch Geheimnisse für sich bewahren.

Aversionen der Luft

Besonders ablehnend verhalten sich Menschen mit hohen Luft-Anteilen gegenüber Langeweile und Routinearbeiten. Immer das Gleiche zu tun, zermürbt sie und lässt ihre eigentlichen Potenziale verkümmern. Diese Ablehnung bezieht sich aber nicht nur auf Lebensumstände, sondern auch auf Menschen. Langeweiler, „Stockfische" und Menschen ohne ausgeprägte Interessen lösen in ihnen Aversionen aus. Sie leben nicht nur selbst Spontanität vor, sondern schätzen diese Qualität auch bei ihren Mitmenschen. Wer ihren Veränderungsvorschlägen mit Widerstand begegnet oder sich nicht von ihrer Begeisterung anstecken lässt, wird mit Luft-dominierten Menschen weder gut zusammen arbeiten noch mit ihnen eine Freundschaft aufbauen. Unbeweglichkeit ist den Luftigen ein Gräuel – sowohl in körperlicher als auch in geistiger Hinsicht.

Die Gegenspieler der luftigen Frohnatur heißen Pessimismus und Skepsis. Negativen Zukunftsszenarien schenken Menschen mit viel Luft einfach keinen Glauben. Ungern werden sie mit dramatischen Ausbrüchen ihrer Mitmenschen konfrontiert; diese könnten ja ihre eigene Leichtigkeit des Seins gefährden.

Schwierigkeiten haben Menschen mit hohen Luft-Anteilen mit Vorurteilen und Be- und Abwertungen durch andere. Sie möchten klar kommunizieren und haben auch eine Abneigung gegen Intransparenz oder strenge Regeln.

„Stille Wasser

Wasser

Eigenschaften: fließend, anschmiegsam, anpassungsfähig, wandelbar (fest, flüssig, gasförmig)

Wirkung: spendet Leben, dringt in andere Stoffe ein oder haftet an der Oberfläche, löst Festes, lässt es aufquellen, überschwemmt, löscht Feuer

Sprüche und Redensarten:

Das Wasser ist ein freundliches Element für den, der damit bekannt ist und es zu behandeln weiß.

Steter Tropfen höhlt den Stein.

Je mehr der Brunnen gebraucht wird, desto mehr Wasser gibt er.

Johann Wolfgang von Goethe in „Wahlverwandtschaften"

Nah am Wasser gebaut sein.

Feuer verzehrt, Wasser ernährt.

Deutsches Sprichwort

Wasser bricht den stärksten Stein.

Zum Weiterdenken:

Was kennzeichnet für Sie einen Menschen mit viel Wasser?

Welche Berufe passen aus Ihrer Sicht gut zu hohen Wasser-Anteilen?

Was schätzen Sie an Menschen mit viel Wasser?

Warum versuchen Sie, sich vor Menschen mit viel Wasser zu schützen?

DAS ELEMENT WASSER
IM MENSCHLICHEN CHARAKTER

Wasser ist unwiderstehlich, kaum ein Hindernis kann es aufhalten: Es fließt über, durchdringt oder unterspült, was sich ihm in den Weg stellt. Wo es auch hinkommt **berührt** es alles und jeden. Wasser kann verschiedene Formen annehmen – Eis, Regen oder Dampf – und bleibt doch immer es selbst. Es versucht eine Ruheposition einzunehmen, geht es aber bergab, fließt es dem Gefälle nach. Wasser dringt bis an vorgegebene Grenzen vor, ohne Abstand zu halten, und füllt leere Räume aus. Es **schmiegt sich an,** durchdringt Stoffe oder benetzt die Oberflächen undurchlässiger Materialien. Kann es jedoch eindringen, **löst** es feste Stoffe und nimmt sie dadurch auf oder lässt sie aufquellen. Wasser ist in großen Mengen undurchsichtig, vermag Licht zu brechen und Feuer zu löschen.

Menschen mit hohen Wasseranteilen **gehen gerne in die Tiefe**; was an der Oberfläche schwimmt, interessiert sie nicht so sehr. Sie schätzen Sicherheit und Stabilität und sind bereit, sich geduldig dafür einzusetzen. Ihre besondere Stärke liegt im Emotionalen: Sie sind ehrlich an ihren Mitmenschen interessiert und nehmen zu ihnen tiefer gehende Kontakte auf. Dabei überschreiten sie schon auch einmal Grenzen und dringen weiter in die Seele ihres Gegenübers ein als dieser es möchte.

Ihr Ideal ist die **Harmonie** und um diese zu erreichen oder zu erhalten, passen sie sich auch an widrige Umstände an. Sie verhalten sich ihren Mitmenschen gegenüber meist liebevoll und zuvorkommend – mit dem Hintergedanken, dass diese ihr freundliches Verhalten erwidern werden. Konflikte umgehen sie gerne, verdrängen Disharmonie und vertragen keine Reibung. Für sie sollte möglichst alles glatt gehen; Veränderungen bereiten ihnen höllische Angst.

Aus Selbstschutz, um andere freundlich zu stimmen, aber auch aus ehrlichem Interesse, kümmern sich Wasser-dominierte Persönlichkeiten intensiv darum, was ihre Mitmenschen gerade brauchen. Sie umsorgen ihre Kinder nahezu überfürsorglich, verwöhnen ihren Freund oder ihre Ehefrau und sind stets für ihre Freunde oder Kollegen erreichbar. Dabei übersehen sie leicht ihre eigenen Wünsche und Bedürfnisse und reagieren enttäuscht, wenn sich ihre Mitmenschen nicht ebenso aufopfernd um sie kümmern.

> *Sie sind emotional instabil, leicht zu verletzen und schnell von ihren Gefühlsaufwallungen überwältigt.*

Menschen mit hohen Wasser-Anteilen sind nahe am Wasser gebaut und weinen öfter als andere. Sie sind emotional instabil, leicht zu verletzen und schnell von ihren Gefühlsaufwallungen überwältigt. Wer sie kritisiert, greift sie als Person an und stellt ihre menschlichen Qualitäten in Frage. Kritik rein sachlich zu verstehen und einzuordnen, fällt ihnen schwer. Daher sind Wasser-dominierte Menschen schnell beleidigt. Wo die Luft über gegensätzliche Perspektiven in ihrem Umfeld nur staunt, bewertet und beurteilt das Wasser das Andersartige.

Persönlichkeiten mit ausgeprägtem Wasser hängen sich gerne an andere an und orientieren sich an ihnen. Daher gründen sie eher selten selbst ein Unternehmen, sondern arbeiten lieber in einer bestehenden Organisation mit. Von ihrem Team erwarten sie sich freundschaftliche Strukturen und Umgangsformen. Am wohlsten fühlen sie sich in überschaubaren Familienunternehmen – sofern dort keine Konflikte schwelen und solange der „Kuschelfaktor" passt.

Menschen mit dominantem Wasser schätzen an Führungskräften, wenn sie sich persönlich um sie kümmern und quasi als ihr Coach auftreten. Jede Kommunikationsaufnahme wird nicht nur nach ihrem sachlichen Inhalt bewertet sondern auch nach dem Nachhall ihrer emotionalen Begleitmusik.

Wer viel Wasser in seine Persönlichkeit integriert, kümmert sich hinge-bungsvoll um andere – bis hin zu einem ausgewachsenen **Helfersyndrom** oder Burnout. Im Helfen sehen Menschen mit dominantem Wasser oft den Sinn ihres Lebens, daraus holen sie sich ihre Energie und stärken ih-ren oft schwach ausgeprägten Selbstwert.

Selbst eine Führungsposition zu erlangen, steht bei Wasser-Dominierten nicht im Vordergrund. Erklimmen sie trotzdem die Karriereleiter, arbeiten sie bevorzugt in Bereichen des Supports (Controlling, Customer Services, Logistik), in eigentümerorientierten Unternehmen oder als TeamleiterIn im technischen Bereich. Generell aber ordnen sich Menschen mit viel Wasser lieber unter. Es gelingt ihnen leicht sich anzupassen, Ruhe zu be-wahren und in Demut von anderen Arbeitsaufgaben entgegen zu neh-men. Die Kehrseite dieser passiv-abwartenden Haltung liegt darin, dass Wasser-dominierte Menschen oft unselbständig und verweichlicht er-scheinen, duckmäuserisch auftreten oder zu Trägheit neigen.

Menschen mit viel Wasser fühlen sich gut in andere ein, erwerben sich schnell das Vertrauen anderer, nutzen diese Nähe dann aber auch aus, um sich in das Leben der anderen einzuschleichen. Sie können gut zu-hören, Freundschaften schließen und stabile Bindungen eingehen. Damit begeben sie sich allerdings auch in Abhängigkeiten oder vereinnahmen ihre Mitmenschen zu sehr. Sie hängen so an ihrem Partner, ihrer Freundin oder ihren Kindern, dass sie diese fast erdrücken. Möchte sich die Frau scheiden lassen oder der Sohn ausziehen, bricht für Persönlichkeiten mit dominantem Wasser eine Welt zusammen. Nicht selten üben sie dann ho-hen emotionalen Druck aus, weinen sich die Seele aus dem Leib oder werfen dem anderen auf durchaus unfeine Weise Undankbarkeit vor, um eine bevorstehende Trennung im letzten Moment noch abzuwehren.

Die scheinbare Aggressionslosigkeit der ruhigen, introvertierten Menschen mit hohem Wasseranteil wirkt auf den ersten Blick sympathisch, birgt aber auch eine Gefahr in sich: Wer seine Gefühle zu lange unterdrückt, kocht bei einem geringen Anlass dann plötzlich über. In ihrer scheinbaren Willenlosigkeit sind Menschen mit viel Wasser leicht zu führen, provozieren aber auch dominante Persönlichkeiten dazu, sie auszunutzen. Da ihr eigener Wille nicht so ausgeprägt ist oder einfach nicht entsprechend ausgelebt wird, erscheinen sie manchmal auch ein wenig naiv.

Während sich Menschen mit viel Feuer sofort zum Kampf rüsten, wenn sich ihnen etwas oder jemand in den Weg stellt, warten Wasser-Dominierte einmal ab – oft auch zu lange, um dann noch adäquat reagieren zu können.

Gerne delegieren sie auch Entscheidungen an ihre Chefin oder ihren Ehemann.

Lieber jammern sie einmal, reflektieren ihr Problem auf jede erdenkliche Weise, zelebrieren ihre Opfer-Rolle und agieren wenig lösungsorientiert. Gerne delegieren sie auch Entscheidungen an ihre Chefin oder ihren Ehemann, fühlen sich dann aber übergangen und übervorteilt, wenn die anderen nach eigenem Ermessen entschieden haben.

Menschen mit ausgeprägtem Wasser werden intensiv von ihren bereits gemachten Erfahrungen beeinflusst und neigen dazu, aktuelle Situationen in Bezug zu längst vergangenen Ereignissen zu bewerten. Dadurch fällt es ihnen viel schwerer, als beispielsweise Persönlichkeiten mit viel Luft, offen und unvoreingenommen auf Menschen zuzugehen.

Persönlichkeiten mit ausgeprägtem Wasser agieren prozessorientiert. Ihnen erscheint der Weg als Ziel, und die eingesetzten Methoden und Mittel werden intensiv reflektiert. Sie nehmen auch gerne Supervision in Anspruch und hinterfragen, ob sie sich wohl in die richtige Richtung entwickeln. Beruflich wie privat streben sie nachhaltige Lösungen an und investieren viel Zeit, um zu einer für alle Beteiligten zufrieden stellenden Lösung zu kommen. Egal, ob es darum geht, die Kompetenzen im Team neu zu verteilen oder im Familienverband eine Regelung für die Ausgehzeiten des pubertierenden Sohnes zu finden, die dem elterlichen Sicherheitsbedürfnis ebenso entsprechen wie dem Freiheitsdrang des Jugendlichen. Ihr Königsweg heißt Kompromiss.

Beruflich finden sich Menschen mit hohem Wasser-Anteil häufig dort, wo **empathische Kommunikation** mit der Kundschaft gefragt ist. Gerne arbeiten sie im Gesundheits- und Sozialbereich, wo das Helfen zur Job Description gehört: Als Mediator oder Therapeutin beispielsweise. Kindergärtner oder Volksschullehrer haben oft sowohl hohe Luft- als auch hohe Wasseranteile in ihrer Persönlichkeit. Trainer im Non-profit-Bereich, aber auch das Pflege- und Betreuungspersonal in Behindertenwerkstätten, Seniorenheimen oder Krankenhäusern zeichnen sich meist durch Wasser-Qualitäten aus. Im Back Office, im Controlling oder in der Personalentwicklung fühlen sich Menschen mit ausgeprägtem Wasser-Anteil ebenfalls wohl. Häufig sind sie auch im Ehrenamt zu finden: bei der freiwilligen Feuerwehr, im Singkreis für die ältere Generation oder im Verein zur Unterstützung von Flutopfern.

Viele Persönlichkeiten mit hohen Wasser-Anteilen sehnen sich nach einem Urzustand, nach der Geborgenheit in der Gebärmutter, als sie stets umsorgt wurden und selbst noch keine Verantwortung tragen mussten. Sie regenerieren sich gut beim Yoga oder in der Meditation, sofern es ihnen gelingt, die Aufmerksamkeit auf ihr Inneres zu richten und dort Ruhe zu finden. Für sportliche Aktivitäten sind sie nicht so leicht zu begeistern.

Sie regenerieren sich gut beim Yoga oder in der Meditation.

Während manche Menschen mit hohem Wasser-Anteil oft sogar Angst vor dem Wasser in natura haben und überhaupt nicht schwimmen gehen wollen, können sich andere am besten im warmen Wasser entspannen. Für sie eignen sich nicht nur Thermalbäder als Orte der Regeneration und Besinnung, sondern auch das Aquafloating, bei dem sie sich von körperwarmem Salzwasser wie von einer „Ursuppe" tragen lassen.

Zugehörigkeit und Harmoniebedürfnis als treibende Kräfte

„Hauptsache, ich bin in Beziehung" – so könnte man das Motto der Wasser-dominierten Menschen formulieren. Lieber leiden sie unter unbefriedigenden Familienverhältnissen, in zerrütteten Lebensgemeinschaften oder einem zerstrittenen Verein, als dass sie allein durchs Leben gehen müssten. Der Freiheit eines Singledaseins können sie gar nichts abgewinnen. Zu ihrem Leben gehört unabdingbar dazu, dass sie sich einer Gemeinschaft zugehörig und dort unersetzlich fühlen. Dieses Bedürfnis umfasst oft auch ihre Kinder, die sie nur im Notfall einer Tagesmutter oder einem Kindergartenpädagogen anvertrauen.

Im beruflichen Bereich möchten sie an andere Menschen „andocken" und mit den übrigen Team-Mitgliedern befreundet sein. In ihren Vorgesetzten sehen sie gerne eine elterliche Persönlichkeit, zu der sie aufschauen können und die sich in Krisenzeiten ihrer annimmt. Besonders leiden sie unter der Fluktuation im Team, nicht nur, weil mitmenschliche Bindungen verloren gehen, sondern auch, weil sie generell Angst vor Veränderungen haben.

Die Sehnsucht nach Zugehörigkeit geht so weit, dass ihre Bindungen leicht ins Überfürsorgliche oder Übergriffige umschlagen. Die ständige Angst vor dem drohenden Liebesentzug – sei es durch die Lieblingsschwester, den erwachsen werdenden Sohn oder die beste Freundin aus Jugendtagen – kann dazu führen, dass sie diejenigen, die sie zu lieben vorgeben, unter Kontrolle halten wollen. Entzieht sich also der Ehemann einem Beziehungsgespräch, wittern sie sofort Untreue und durchforsten seine Mails und SMS nach Kontakten zu einer anderen Frau. Als Eltern können Wasser-dominierte Menschen ihre Kinder nur sehr schwer in die Selbständigkeit entlassen. Sie neigen dazu, auch wenn der Nachwuchs längst erwachsen ist, sich noch in dessen Kleidungsstil, Eheprobleme oder berufliche Entscheidungen einzumischen.

Um unersetzlich zu bleiben, erziehen sie andere zur Unselbständigkeit. Das kann auch ihre Partnerin oder den Bruder treffen, wenn sie deren Steuererklärung oder die Koordination von deren Arztterminen übernehmen. Für diese – oft unerwünschten – Hilfeleistungen verlangen sie allerdings ein deutliches Maß an Dankbarkeit.

> *Um unersetzlich zu bleiben, erziehen sie andere zur Unselbständigkeit.*

Die zweite treibende Kraft des Wassers ist das Harmoniebedürfnis. Menschen mit hohem Wasseranteil schaffen gerne harmonische Umgebungen für andere. Sie dekorieren ihr Wohnzimmer heimelig mit einem überdimensionalen, unter zahlreichen Polstern vergrabenen Kuschelsofa. Kommt ihre Partnerin spät abends nach Hause, verbreitet im Vorzimmer der gedimmte Deckenfluter ein dezentes, warmes Licht. Ihr Herd ist niemals kalt, und sie bekochen nicht nur ihre Familie, sondern den kranken Nachbarn und die angeblich viel zu schlanke Kollegin gleich mit.

Um Konflikte zu vermeiden, sind Menschen mit viel Wasser bereit, zurückzustecken und Kompromisse einzugehen. Lieber lassen sie ihrem Ehepartner seinen Willen als mit ihm zu streiten. Dabei übersehen sie leicht, wenn es doch zu Konflikten kommt. Sie ignorieren Unstimmigkeiten lange Zeit und wundern sich später, wenn es einmal so richtig kracht. Ihre Abneigung gegenüber

> *Lieber lassen sie ihrem Ehepartner seinen Willen als mit ihm zu streiten.*

Auseinandersetzungen geht so weit, dass sie unheimlich viel Energie darauf ver(sch)wenden, ihrem Umfeld eine heile Welt vorzugaukeln, anstatt Fehlentwicklungen einzugestehen und die Kurskorrektur in Angriff zu nehmen. Selbst wenn ihre Tochter unübersehbar magersüchtig ist oder der Partner Spielschulden anhäuft, sind sie darauf nicht ansprechbar und stehen der Lösung somit im Weg.

QUALITÄTEN DES WASSERS: (SELBST-)VERTRAUEN, TIEFSINNIGKEIT UND BEDÜRFNISORIENTIERTHEIT

Viel Wasser heißt, gerne in die Tiefe zu gehen und sich voll und ganz auf etwas einzulassen; auf eine Idee, eine Gemeinschaft oder einen aktuellen Gesprächspartner. Menschen mit hohen Wasser-Anteilen haben großes Vertrauen, in sich selbst ebenso wie in andere. Starkes Wasser geht auch mit einem unerschütterlichen Urvertrauen einher, mit dem Gefühl, in der Welt gut aufgehoben zu sein. Menschen mit hohem Wasseranteil geben daher auch viel Intimes von sich preis, kehren in der Kommunikation ihr Inneres nach außen und rechnen damit, bei ihrem Gegenüber auf Verständnis und ebenso intensives Vertrauen zu stoßen.

Dominantes Wasser zeigt sich auch in einer **forschenden Grundhaltung.** Während die Luft lieber an der Oberfläche verweilt, will das Wasser in die Tiefe gehen und strebt nach Erkenntnis über das Wesen der Dinge und Menschen. Wasser-Dominierte fragen nicht ganz banal „Wie geht es dir?", sondern „Was hat dich heute glücklich gemacht?" oder Ähnliches. Wenn sie dann die Antwort ihres Gesprächspartners hören, achten sie auf jede noch so kleine Einzelheit: Passt der Tonfall zum Gesagten, widerspricht vielleicht die Gestik der Beteuerung, es ginge ihm oder ihr gut? Wasser-Menschen nehmen die Feinheiten in ihrer Umgebung sehr bewusst wahr. Ganz besonders intensiv analysieren sie ihre zwischenmenschlichen Beziehungen. Wie so oft hat auch diese Qualität zwei Seiten: Wer eine Mutter oder einen Kollegen mit hohem Wasser-Anteil in der Persönlichkeit hat, fühlt sich meist wahr- und ernstgenommen. Kommt es jedoch zu Unstimmigkeiten in der Beziehung, kann deren Aufarbeitung mit einem Wasser-Menschen durchaus langwierig und Nerven aufreibend werden.

Auch wenn es um Sachthemen geht, verharrt das Wasser nicht gerne an der Oberfläche, sondern lässt dem Forscherdrang freien Lauf. Menschen mit hohen Wasser-Anteilen tun das nicht aus Gewissenhaftigkeit, wie es für die Erde typisch wäre, sondern aus echtem Interesse. Dabei ist es völlig egal, welchem Thema sie sich widmen – ob es sich nun um das Sozialverhalten der Pinguine oder die Geschichte der Popkultur handelt. Sie verfolgen ihre persönlichen Interessen auffallend intensiv.

Die dritte Qualität des Wassers – die Bedürfnisorientierung – kann in allen Gemeinschaften und Teams sehr positive Auswirkungen zeigen, wenn sie bewusst eingesetzt und akzeptiert wird. Hohe Wasser-Anteile bewirken, dass Menschen vorausschauend denken, gerne planen und schon den Weg als Ziel ansehen. Sie haben stets das große Ganze vor Augen, konzentrieren sich nicht wie Menschen mit viel Erde immer auf eine Sache und gehen erst nach deren Abschluss die nächste an, sondern betrachten ihren Tag – und ihr Leben – im Überblick. Schon in der Früh denken sie den gesamten Tagesablauf durch und suchen nach potenziellen Synergien: Kann ich den Heimweg von der Arbeit mit einem Schuhkauf verbinden? Wie nutze ich die Zeit, in der meine Tochter Geigenstunde hat? Wenn ich ohnehin schon beruflich mit der Druckerei verhandle, sollte ich dann nicht gleich dort meine Weihnachtskarten bestellen?

Diese Herangehensweise braucht üblicherweise mehr Zeit als beispielsweise Menschen mit hohem Feuer-Anteil dafür veranschlagen würden. Dafür bleiben die menschlichen Bedürfnisse aller Akteure im Bewusstsein und es werden zusätzliche kleine Ziele erreicht. Menschen mit viel Wasser bevorzugen Vorgangsweisen, bei denen mögliche negative Folgen und Kollateralschäden von Anfang an mit bedacht und so gut wie möglich verhindert werden. Das verlangsamt vielleicht ihre Handlungen, macht sie aber gleichzeitig effizienter.

Wasser geht auch mit viel Geduld einher, mit der Fähigkeit, mehrere Varianten bis ins Letzte durchzudenken, bevor die Entscheidung getroffen wird.

Wasser steht für Altruismus und Demut im positiven Sinn. Über ein gut entwickeltes Wasser zu verfügen bedeutet, nicht unterwürfig zu sein, aber die eigenen Bedürfnisse zu Gunsten einer Gemeinschaft zurückstecken zu können.

DIE GEFAHREN UNERLÖSTEN WASSERS

In seiner erlösten, nicht blockierten Form, befindet sich das Wasser stets im Fluss und bildet ein Meer von Urvertrauen. Blockierte Wasser-Anteile hingegen zeigen sich bei Menschen, die wie im Eis erstarrt agieren. **Verletzungen** haben sie hart gemacht, distanziert und unzugänglich. Sie vertreten rigide Ansichten, bewerten andere Menschen, anstatt ihnen offen gegenüber zu treten. In ihren Beziehungen werden sie von Ängsten getrieben. Oft fühlen sie sich im Umgang mit Kindern sicherer als in Beziehungen unter Erwachsenen. Ihren eigenen Kindern gegenüber können sie sich emotional öffnen, während die Freundin oder der Ehemann stets auf Distanz gehalten werden. Eine erfüllte Paarbeziehung auf Augenhöhe erscheint unter diesen Bedingungen unmöglich.

Unerlöstes Wasser bewirkt eine bewertende Grundhaltung. Menschen mit blockiertem Wasser fühlen sich selbst grundsätzlich im Recht und alterieren sich über alternative Einstellungen und Handlungsweisen. Oft nehmen diese Menschen gar nicht wahr, wie sehr sie andere dadurch verletzen.

Persönlichkeiten mit frei fließendem Wasser hingegen verfügen über ein ausnehmend feines Sensorium für die Bedürfnisse ihrer Mitmenschen und begegnen ihnen wohlwollend. Sie entwickeln ein gesundes Maß an Mitgefühl, wenn ihr Sohn Liebeskummer hat, ihrer Nachbarin gekündigt wurde oder die Schwiegereltern Pflege benötigen. Ist das Wasser jedoch erstarrt, tritt anstelle des Mitgefühls das Mitleid – eine Bewertung aus scheinbar übergeordneter Perspektive: „Schau, wie arm er ist, aber eigentlich selber schuld...". Das Leid der anderen kann dann nur durch die Brille des eigenen moralischen Empfindens wahrgenommen werden.

Wer **keinen Zugang zu seinen Wasseranteilen** bekommt, schafft es auch nur unter Mühen, in den Zustand der Ruhe zu gelangen. Still dazusitzen fällt diesen Menschen ebenso schwer wie anderen zuzuhören. Von Entspannung halten sie nicht viel, und wenn sie doch eine Freundin oder ein Kollege zum Yoga mitnimmt, weil sie so offensichtlich einmal ein bisschen abschalten sollten, schlafen sie dort kurzerhand ein. Auch ihr Zugang zur Spiritualität erscheint oft gekappt und sie lästern mit Vorliebe über die „religiösen Spinnereien" anderer.

Ihr Urlaub findet nach einem starren Zeitplan statt, und der Genuss steht dabei nicht im Vordergrund. Generell ist die Genussfähigkeit, eine sonst übliche Qualität des Wassers, bei unerlöstem Wasser unterdrückt.

Das Gegenteil gilt für ihre Leidensfähigkeit. Menschen mit blockiertem Wasser verspüren oft eine richtige Lust am Leiden, an der Selbstaufgabe und an der Sehnsucht. Sie präsentieren sich gerne als Opfer, suhlen sich in ihrem Schmerz und lassen sich dann regelrecht gehen. Schuld am eigenen Leid sind – aus ihrer Perspektive – selbstverständlich die anderen.

Menschen mit blockiertem Wasser verspüren oft eine richtige Lust am Leiden, an der Selbstaufgabe und an der Sehnsucht.

Während sich Persönlichkeiten mit erlösten Wasser-Anteilen durch ihre leidvollen Erfahrungen entwickeln, dazulernen und gestärkt aus einer Krise hervorgehen, verharren Menschen mit blockiertem Wasser phlegmatisch in der unbefriedigenden Situation. Völlig passiv warten sie auf ein Wunder – und weigern sich dadurch auch, Verantwortung für ihr Leben zu übernehmen.

Ein weites Feld des Leidens tut sich ihnen in der Liebe auf: Man könnte fast meinen, die unglückliche, sehnsüchtige Liebe aus der Ferne verschaffe ihnen ohnehin mehr Befriedigung als eine reale Beziehung. Ihr Liebesleid zelebrieren und verstärken sie, indem sie traurige Filme ansehen und sehnsüchtige Lieder hören.

Körperlicher Schwachpunkt bei unerlöstem Wasser ist der Magen-Darm-Trakt. Unklare Beziehungsgefüge bereiten Menschen mit blockiertem Wasser schnell Bauchweh. Fühlen sie sich nicht ausreichend geliebt und umsorgt, versorgen sie sich selbst mit zu viel Nahrung. Das führt zu Beginn zu einer körperlichen Rundlichkeit, bei der sie keine Ecken und Kanten zeigen und ihren Mitmenschen daher weich und anschmiegsam erscheinen. Die symbolische Zuwendung über das Essen kann aber auch bis hin zu ausgeprägter Fresssucht und Fettleibigkeit reichen.

Die Erstarrung in der eigenen Verletzung vermag aber auch das gegenteilige Symptom hervorrufen und als Magersucht zu Tage treten. Zu groß ist dann die Angst vor dem eigenen Anteil am Weiblichen – auch bei Männern –, sowie am Weichen und Flexiblen.

Selbst Depressionen können mit blockierten Wasseranteilen assoziiert sein. Dann steigert sich der grundsätzlich positive Hang zur Selbstreflexion ins Unermessliche und kein Ausweg aus der Gedankenspirale scheint mehr möglich.

Viele konfliktreiche Prozesse in Arbeitsgruppen und anderen Gemeinschaften wurzeln in unreifen Wasseranteilen.

DIE ÄUSSEREN SYMBOLE DES WASSERS

Harmonie ist das Grundprinzip der Wasser-Dominierten. Sie zeigt sich in zahlreichen sozialen Ritualen: Beim familiären Frühstück, bei regelmäßigen Geburtstagsfeiern im Büro oder Tarock-Abenden im Freundeskreis. Beobachtbar wird das Prinzip der Harmonie auch in allen Räumen, die von Menschen mit viel Wasser gestaltet werden. In ihrem Büro stehen demonstrativ die Familienfotos auf dem Schreibtisch, und auch sonst verrät das berufliche Umfeld einiges über ihre privaten Interessen und Vorlieben: Durch die Auswahl der Bilder an den Wänden, aber auch die Musik, die sie hören (sofern das bei der Arbeit möglich ist).

Daheim machen sie es sich **gemütlich** und kuschelig. Möbel und Accessoires werden so ausgewählt, dass sie optimal zu den Bedürfnissen der Familienmitglieder passen. Perfektion ist dabei nicht so wichtig – es sieht nicht aus, wie in einer Schöner-Wohnen-Zeitschrift –, sondern es darf einfach gewohnt werden. Über dem Fernsehsessel liegt eine Decke, weil dort üblicherweise viel gebröselt und gepatzt wird, die Lampe beim Sofa passt stilistisch nicht zur restlichen Einrichtung, lässt sich aber so verstellen, dass sie das Buch eines jeden Lesenden optimal beleuchtet. Am Tisch stehen Blumen, farbenfroh und am besten aus dem eigenen Garten. Die Vase trägt nicht die Handschrift einer namhaften Designerin, sondern liefert den Beweis für die kreative Veranlagung des eigenen Nachwuchses.

Auch in der äußeren Erscheinung zählt nicht der Name des Modelabels. Männer mit viel Wasser tragen oft stets das Gleiche: Haben sich beispielsweise Jeans und marineblaue Polos bewährt, werden sie geradezu zum Markenzeichen des Trägers.

Eitelkeit verträgt sich nicht mit hohen Wasseranteilen einer Persönlichkeit. Das kann sogar so weit gehen, dass sich Menschen mit viel Wasser schlampig angezogen in der Öffentlichkeit zeigen; mit herunter getretenem Hosensaum, einem Fleck auf der Jacke oder unfrisierten Haaren. Diese modischen Fehltritte sollen nicht provozieren, sondern beweisen nur, wie wenig Wert Persönlichkeiten mit viel Wasser auf ihr Äußeres legen.

Frauen mit hohem Wasser-Anteil bringen durch ihren Kleidungsstil gerne ihre **Weiblichkeit zur Geltung:** Ihr Markenzeichen sind figurbetonte Kleidungsstücke, oft mit weitem Ausschnitt, aber auch schwingende Röcke und Rüschen.

In Kombination mit hohen Erde-Anteilen äußert sich das Wasser in der Mode in praktischer, zweckmäßiger Kleidung. Die Freude an der Harmonie der Farben, kombiniert mit dem Perfektionsanspruch der erdigen Persönlichkeiten, kann dazu führen, dass vom Schal bis zur Socke sämtliche Details farblich auf einander abgestimmt sind.

Menschen mit hohen Wasser- und hohen Luftanteilen hingegen legen mehr Wert auf sportlich-lockere Eleganz.

Während sich Persönlichkeiten mit viel (unerlöstem) Feuer gerne über ihre Autos definieren, brauchen Menschen mit ausgeprägtem Wasser oft gar keinen Pkw. Wohnen sie in der Stadt, nutzen sie aus Gründen der Zweckmäßigkeit und der Nachhaltigkeit lieber den öffentlichen Verkehr. Wenn sie doch einmal mit dem Auto fahren, nehmen sie gleich ihre Freundin zum Einkaufen mit. Fördert ihr Arbeitgeber Fahrgemeinschaften, sind sie die ersten, die sich daran beteiligen.

Bei der Wahl eines eigenen Autos entscheiden sie sich für ein geräumiges Gefährt, in das die Kindersitze optimal hineinpassen. Auf den Sitzen haften dann durchaus die Haare des Familienhundes, halb volle Mineralwasserflaschen zeugen vom letzten Ausflug am Wochenende, aber jeder, der eine Mitfahrgelegenheit braucht, wird sie bei ihnen finden.

Wer über ausgeprägte Wasseranteile verfügt, orientiert sich sehr an den Bedürfnissen anderer, auch im Bereich des Kulinarischen: Wichtig ist, dass keiner hungrig gehen muss. Einen besonders großen Stellenwert hat das gemeinsame Familienessen. Serviert wird dabei alles was schmeckt – und im Idealfall möglichst viel von dem, was in der Region wächst. Menschen mit erlösten Wasseranteilen können große Feinschmecker sein.

Wer über ausgeprägte Wasseranteile verfügt, orientiert sich sehr an den Bedürfnissen anderer.

Auch Singles mit viel Wasser in der Persönlichkeit essen gerne in Gemeinschaft und versammeln sich selbst in kurzen Arbeitspausen bevorzugt in kleinen Grüppchen um den Kaffeeautomaten.

In der Freizeit werkeln Persönlichkeiten mit ausgeprägtem Wasser liebend gerne im eigenen Garten, räumen aber auch ihre Wohnung auf, misten aus und schaffen wieder eine gemütliche Atmosphäre. Ihr Urlaubsziel muss nicht repräsentativ sein; im Vordergrund steht der Erholungsfaktor. Hat sich ein Urlaubsort bewährt, fahren Wasser-dominierte Menschen durchaus öfter dort hin. Gewohnheiten und Rituale entwickeln sie bei ihnen auch bei der Auswahl ihrer Reisegefährten: Oft urlauben mehrere Familien oder Paare über Jahrzehnte gemeinsam.

Der forschende Anteil in der vom Wasser geprägten Persönlichkeit führt dazu, dass schon vor dem Reiseantritt ausgelotet wird, welche Aktivitäten vor Ort möglich wären: Wie weit ist das nächstgelegene Kino entfernt, welche Sehenswürdigkeiten könnten auch die Kinder interessieren und welche Ausrüstung wird dort fürs Schnorcheln benötigt?

DAS INNERE WASSER ENTWICKELN

Wer sein inneres Wasser entwickeln möchte, muss lernen, **Gefühle zuzulassen,** sie nicht als Störfaktor auszublenden, sondern bewusst als Ressource und Botschaft aus dem eigenen Selbst zu nutzen. Das innere Wasser zu entwickeln bedeutet auch, Vertrauen aufzubauen: in sich selbst, in die sozialen Beziehungen und in das Leben schlechthin.

Wer diesen Weg gehen möchte, setzt sich am besten mit seiner Biografie auseinander, tritt in Kontakt mit seinen vergangenen und gegenwärtigen Gefühlen und konzentriert sich einmal nicht so sehr auf seine eigenen Gedanken. Dabei geraten Fragen in den Fokus der Beobachtung wie „Wann habe ich mich geliebt gefühlt, von wem und war diese Liebe an Bedingungen geknüpft?" Es sind immer die frühen Liebeserfahrungen, die – uns unbewusst – steuern, wo wir Liebe suchen und wie wir mit Beziehungsproblemen umgehen. Andere bedingungslos lieben zu lernen, für das, was sie sind und nicht das, was sie leisten, gelingt allerdings nur denjenigen, die sich selbst lieben können. Das innere Wasser zu entwickeln bedeutet daher auch, eine gesunde Selbstliebe zu entfalten – als Beginn einer lebenslangen Romanze mit sich selbst.

Das innere Wasser zu entwickeln bedeutet, eine gesunde Selbstliebe zu entfalten.

Sich selbst mit allen Facetten seiner Persönlichkeit akzeptieren zu lernen, auch mit den vermeintlichen Schwächen, ist eine große Aufgabe. Darin liegt aber auch die Chance, anderen Menschen mit **offenem Herzen** zu begegnen und eine Form von Toleranz zu aufzubauen, die nicht von der Vernunft gesteuert wird sondern direkt von Herzen kommt.

GEDULDIGE, ABER KONFLIKTSCHEUE CHEFS

Führungskräfte mit hohen Wasser-Anteilen sehen sich eher **als Coach ihres Teams** denn als Vorgesetzte. Ihre enorme Stärke liegt darin, dass sie neben den beruflichen Kompetenzen auch stets das persönliche Wohlbefinden ihres Teams im Auge behalten. Hat jemand Geburtstag, werden Blumensträuße und selbst gebackene Kuchen übergeben und kleine betriebsinterne Feiern inszeniert.

Ebenso verfügen Wasser-dominierte Führungskräfte über ein untrügliches **Sensorium** für Spannungen und Spaltungen in ihrer Arbeitsgruppe. Am liebsten lösen sie das Problem durch einen Kompromiss, der alle Beteiligten zufrieden stellt. Was sie allerdings auf jeden Fall zu vermeiden suchen, ist, ein Machtwort sprechen zu müssen und sich damit gegen einen Teil ihrer Belegschaft zu stellen. Durch diese Weichheit ecken sie bei jenen Team-Mitgliedern an, die klare Entscheidungen bevorzugen.

Ein typisches Persönlichkeitsmerkmal des Wassers ist Geduld. Aufgrund dieser Eigenschaft eignen sie sich besonders gut als Ausbildner von Lehrlingen oder als Mentoren.

Gerne bauen sie auch persönliche Beziehungen zu ihren Teammitgliedern auf; sie laden sie nach Hause ein, grillen mit der gesamten Arbeitsgruppe im heimischen Garten oder gehen nach der Arbeit mit jemandem auf ein Bier. Diese latente Distanzlosigkeit wird nicht von allen gleichermaßen geschätzt. Sie suggeriert eine Gleichheit, die der Logik der Organisation oft widerspricht.

Es fällt ihnen schwer, klare Anweisungen zu geben. Aus Angst, zu dominant oder gar unfreundlich zu wirken, stiften sie mit den Weichmachern in ihrer Sprache allerdings letztlich mehr Verwirrung und Unfrieden als Orientierung. Sind sie aus dem Team zur Führungskraft aufgestiegen, bereitet ihnen dieser Rollenwechsel besonders viele Probleme. Sie fühlen sich immer noch mit ihren ehemaligen Kumpeln auf Augenhöhe, auch wenn sie nun das gesamte Team überblicken sollten.

Ist ihr Wasser unerlöst, fällt es ihnen schwer, die Sach- und Beziehungsebene auseinander zu halten. Damit sind Konflikte im Team vorprogrammiert.

Wasser-dominierte Führungskräfte schrecken vor Entscheidungen zurück. Lieber fragen sie ihr Team um seine Meinung; im Extremfall richten sie die Frage gar an ihre Facebook-Gruppe. Das macht sie leicht angreifbar. Befindet sich in ihrer Arbeitsgruppe jemand mit ausgeprägtem Machtstreben, sind sie durch dieses Verhalten de facto ihre Führungsposition los.

Verfügen Führungskräfte jedoch zusätzlich zu ihren Wasser-Anteilen über Feuer- und Erdqualitäten, können sie die Stärken ihres Wassers auch als Führungskräfte gut nutzen.

LEICHT ZU FÜHRENDE, ABER EMPFINDLICHE MITARBEITER

Die besondere Stärke des Wassers in der Persönlichkeit von Mitarbeitern liegt in ihrer **Teamfähigkeit.** Sie sind bereit, Ideen anderer anzunehmen und umzusetzen, engagieren sich für eine angenehme Arbeitsatmosphäre und vertreten gemäßigte Positionen. Sie denken bevor sie handeln – und wissen es zu schätzen, wenn Führungskräfte ihnen dafür einen angemessenen Zeitrahmen zur Verfügung stellen. Selbst wenn sie immer wieder einmal versuchen, neue Methoden auszuprobieren, ziehen sie letztlich jene Vorgehensweise vor, die sich in der Vergangenheit bereits bewährt hat.

Vor Konfliktsituationen fürchten sie sich ebenso wie vor Instabilität, Orientierungslosigkeit und allzu schnellen Veränderungen. Leicht zu motivieren sind sie daher in einem Arbeitsumfeld, in dem die Kompetenzen klar verteilt sind, die Arbeitsabläufe vorab festgelegt, und in dem das Team konstruktiv zusammenarbeitet. Wasser-dominierte Menschen wissen es zu schätzen, wenn sie von anderen Teammitgliedern bei der Arbeit unterstützt werden, sind im Gegenzug aber auch bereit, selbst behilflich zu sein.

Wasser-Persönlichkeiten fühlen sich auch in Großraumbüros und Werkshallen wohl – selten benötigen sie einen eigenen Rückzugsraum.

Grundsätzlich sind Menschen mit großem Wasser-Anteil im Team leicht zu führen. Sie stellen die Hierarchie einer Organisation nicht in Frage und können sich unterordnen, ohne dabei ihr Gesicht zu verlieren. Wenn es hart auf hart geht, stellen sie ihre eigenen Bedürfnisse immer hinter die der Gemeinschaft oder des Unternehmens.

> *Sie stellen die Hierarchie einer Organisation nicht in Frage und können sich unterordnen, ohne dabei ihr Gesicht zu verlieren.*

Die Herausforderung für Führungskräfte besteht darin, im Umgang mit Wasser-Dominierten neben der Sachebene auch immer das Emotionale mit zu bedenken. Fühlen sich Teammitglieder mit ausgeprägtem Wasser von Führungskräften respektiert und geschätzt, sind sie zu Höchstleistungen fähig. Stellt man sie jedoch in ihrer persönlichen Integrität in Frage, fühlen sie sich schnell beleidigt und ziehen sich bockig zurück. Sind sie einmal nachhaltig verletzt, kann ihre Chefin oder ihr Vorgesetzter für sie zum sprichwörtlichen roten Tuch werden.

Ebenso zu beachten ist in der Zusammenarbeit mit vom Wasser geprägten Persönlichkeiten der Faktor Zeit. Sie reflektieren ihre Vorgehensweise gerne, bedenken im Voraus alle Eventualitäten, und brauchen daher für jede Aufgabe etwas länger. Allerdings verbessert ihre Arbeitsweise durchaus das Ergebnis ihres Teams.

SCHEUE UND BEZIEHUNGS-ORIENTIERTE KUNDEN

Als Kunde müssen Wasser-Persönlichkeiten zuallererst **Vertrauen** zum Verkaufspersonal aufbauen. Haben sie dann ihre anfängliche Scheu abgelegt, begegnen sie Verkäufern offen und freundlich. Selbst im Verkaufsgespräch konzentrieren sie sich auf die Gefühlsebene: Wer sie von etwas überzeugen möchte, sollte auch selbst ein bisschen Persönliches preisgeben und darf durchaus emotional für ein Produkt werben. Menschen mit viel Wasser schätzen Detailinformationen, Garantien und Zusicherungen und wollen vom Verkaufspersonal wissen, warum gerade sie die beste Lösung anzubieten hätten.

Menschen mit viel Wasser tätigen gerne wohlüberlegte Käufe.

Im Verkaufsgespräch bewährt es sich, das typische Zeitempfinden der Wasser-Kundschaft zu berücksichtigen. Menschen mit viel Wasser tätigen gerne wohlüberlegte Käufe und brauchen dafür etwas länger. Möglicherweise schlafen sie auch einmal über ihre Entscheidung darüber und kommen am nächsten Tag wieder, wenn sie sämtliche Argumente durchdacht haben, die für oder gegen den Kauf sprechen. Das Verkaufspersonal kann bei Wasser-Kundschaft besonders punkten, wenn es sie am nächsten Tag wiedererkennt und auf das Gespräch vom Vortag Bezug nimmt. Gelingt diese Rückkoppelung, werden

Menschen mit ausgeprägtem Wasser zu Stammkunden, da sie ohnehin lieber im bekannten Geschäft einkaufen als Neues auszuprobieren.

Vor Kaufentscheidungen stellen Menschen mit viel Wasser gerne Fragen, die mit „wie" beginnen: Wie kann dieses Produkt meine Erwartungen erfüllen? Wie kann ich sicher sein, mich richtig entschieden zu haben?

SANFTE UND LOYALE PARTNER

Menschen mit ausgeprägtem Wasser gestalten ihre Partnerschaft im Zeichen der **Harmonie:** Sie lieben eine ruhige und friedliche Atmosphäre und sind dafür auch bereit, eigene Wünsche zurückzustecken. Ihr Heim gestalten sie gemütlich und sie zeigen sich anspruchslos und liebenswürdig. Als selbstverständlich erachten sie die Loyalität gegenüber ihrem Partner oder ihrer Ehefrau und sie ermutigen ihn oder sie bei allen Vorhaben. Nichts bringt sie so leicht aus der Ruhe. Sie hören aufmerksam zu und zeigen Mitgefühl, wenn es ihrer Freundin oder ihrem Ehemann gerade schlecht geht. Selbst unter Druck werden sie nicht ungehalten, sondern versuchen, das Verbindende über das Trennende zu stellen.

Sie hören aufmerksam zu und zeigen Mitgefühl.

Ein gewisses Konfliktpotenzial liegt allerdings darin, dass sie **Veränderungen schnell als Bedrohung** empfinden und in ihren Beziehungen wenig Distanz ertragen. Auch ecken sie zuweilen mit ihrer ruhigen, scheinbar unbeteiligten Art bei jenen Menschen an, die selbst von innerem Feuer erfüllt und leicht zu begeistern sind. Dadurch, dass sie alle möglichen Hindernisse vorab bedenken – und bereden – müssen, dämpfen sie die Begeisterung ihrer Liebsten.

WASSER-DOMINANZ BEI FEUER-, LUFT- ODER ERDE-SCHWÄCHE

Ist das Wasser stark ausgeprägt, aber wenig Feuer vorhanden, müssen diese Menschen erst lernen, sich aus ihrem Schneckenhaus herauszuwagen und an die Öffentlichkeit zu kommen.

Wasser-Menschen **mit zu wenig Feuer** hegen zwar Wünsche, es mangelt ihnen allerdings am entsprechenden Willen, um diese durchzusetzen. Sie müssen erst lernen, ihre Willenskraft zu entwickeln und hartnäckig an der Erfüllung ihrer Wünsche dranzubleiben – selbst wenn sie damit gegen die Interessen anderer handeln.

Menschen mit hohen Wasser-Anteilen in der Persönlichkeit bei **gleichzeitiger Luft-Schwäche** kämpfen damit, in der Kommunikation Sach- und Beziehungsebene auseinander zu halten. Fühlen sie sich einmal persönlich angegriffen, finden sie keinen sachlichen Zugang mehr zum Thema. Auch nach der Arbeit gelingt es ihnen oft nicht, abzuschalten und richtig Feierabend zu machen. Dadurch kommt ihre persönliche Erholung zu kurz.

Viel Wasser in Kombination mit wenig Luft zeigt sich in einem Mangel an Leichtigkeit, der mit einem Übermaß an Dramatik einhergeht. Menschen mit dieser Elementkombination leiden gerne, jammern häufig und agieren wenig lösungsorientiert. Nicht selten neigen sie zu Depressionen.

Zu wenig Erde, gepaart mit Wasser-Dominanz, lässt sich bei Menschen erkennen, die keine festen Strukturen entwickelt haben und sich allem anpassen. Ihr Lernziel besteht darin, konsequenter und zuverlässiger zu werden und deutlicher zu kommunizieren.

Selbst im banalen Alltag müssen diese Menschen oft erst die Fähigkeit erwerben, klare Rahmenbedingungen zu schaffen und sich daran zu orientieren. Sonst tratschen sie so lange im Büro bis schließlich sämtliche Lebensmittelläden geschlossen haben und sie nichts mehr zum Abendessen einkaufen können.

Wie reagieren Wasser-dominierte Persönlichkeiten ...

... wenn sie auf ein Hindernis treffen?

Hindernisse sind aus Sicht des Wassers unangenehm, weil sie die Harmonie stören. Häufig reagieren Menschen mit viel Wasser zunächst problemorientiert und beziehen das Hindernis sogar auf sich persönlich: „Typisch, dass das gerade mir passieren musste!"

Um ins lösungsorientierte Handeln zu kommen, müssen Menschen mit dominantem Wasser zunächst einmal nachdenken. Dann finden sie allerdings Lösungen, die nicht auf den ersten Blick sichtbar gewesen wären. Viel Wasser kann aber auch dazu führen, dass der Stress, den ein Hindernis auslöst, eine völlig phlegmatische Reaktion oder anhaltendes Jammern bewirkt.

... wenn sie einen zwischenmenschlichen Konflikt lösen sollten?

Grundsätzlich vermeiden Wasser-Dominierte Konflikte, wo sie nur können. Damit es zu keiner Unstimmigkeit kommt, versuchen sie, die Bedürfnisse ihrer Mitmenschen bestmöglich zu befriedigen.

Ist trotzdem einmal Streit ausgebrochen, verdrängen sie ihn gerne, reden das Problem schön oder ertragen es leidend. Sie hoffen, dass der Konflikt sich auch ohne ihr Zutun lösen wird. Lieber reden sie mit unbeteiligten Dritten über ein Problem – schimpfen über ihren undankbaren Sohn oder über ihre ungerechte Chefin –, als dass sie selbst einen konstruktiven Lösungsansatz suchen.

Menschen mit ausgeprägtem Wasser delegieren den Konflikt gerne an andere. Sollen sich doch die Chefin oder der große Bruder darum kümmern. Die positive Seite des Delegierens zeigt sich darin, dass sie auch gewillt sind, eine Mediatorin oder einen Coach zur Konfliktlösung heranzuziehen.

... wenn ihnen langweilig ist?

So schnell wird Persönlichkeiten mit ausgeprägten Wasser-Anteilen nicht langweilig. Bevor sie Löcher in die Luft starren, suchen sie sich eine zu erledigende Pflicht und räumen das Wohnzimmer auf oder putzen den Kühlschrank. Als nächstes versuchen sie, mit anderen in Beziehung zu treten. Sie rufen einen Freund an oder fragen die Tochter, ob sie nicht mit ihnen ins Kino gehen wolle. Die Nachbarin hat sich auch schon lange nicht mehr blicken lassen – vielleicht lässt sich bei einem Besuch klären, ob sie nicht Hilfe braucht...

Erst im Anschluss an eine hektische Phase des Suchens kommen Wasser-dominierte Menschen zur Ruhe und kümmern sich um ihre eigenen Bedürfnisse, nehmen ein heißes Schaumbad oder lesen einen Tausend-Seiten-Roman. Haben sie den Zustand der Entspannung schließlich erreicht, zeichnet sie eine große Genussfähigkeit aus.

... wenn sie sich bedroht fühlen?

Menschen mit dominantem Wasser versinken schnell in ihrem Leid und reagieren übermäßig verzweifelt. Sie malen sich alle möglichen negativen Szenarien aus und geraten so auch bei kleineren Bedrohungen in Angstzustände. Wird ihre Abteilung umstrukturiert, fürchten sie sofort um ihren Job, auch wenn von Kündigung keine Rede war.

Sie grübeln lange über die Art und den Grund für eine Bedrohung nach und suchen Gespräche mit ihren Vertrauten, um ein klareres Bild und den Überblick über die Situation zu bekommen. Abwarten erscheint ihnen oft als sicherste Lösung, womit sie manchmal den günstigsten Zeitpunkt verpassen, an dem entschlossenes Handeln angesagt gewesen wäre.

... wenn sie vollen Handlungsspielraum haben?

Allzu viel Entfaltungsmöglichkeit verunsichert Menschen mit hohem Wasser-Anteil. Sie bevorzugen klare Strukturen und vorgegebene Prozesse. Mit Gestaltungsfreiheit fangen sie nicht so viel an – da suchen sie sich lieber jemanden, der ihnen sagt, wo's langgeht.

KURZ & BÜNDIG:
QUALITÄTSRASTER FÜR DAS ELEMENT WASSER

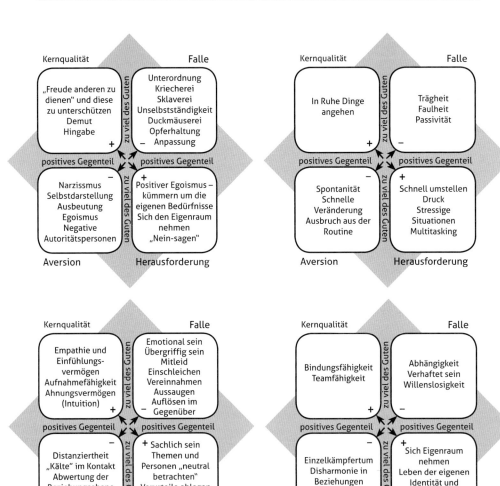

Kernqualität		Falle
„Freude anderen zu dienen" und diese zu unterschützen Demut Hingabe +	zu viel des Guten	Unterordnung Kriecherei Sklaverei Unselbstständigkeit Duckmäuserei Opferhaltung − Anpassung

positives Gegenteil — positives Gegenteil

| Narzissmus Selbstdarstellung Ausbeutung Egoismus Negative Autoritätspersonen | zu viel des Guten | Positiver Egoismus – kümmern um die eigenen Bedürfnisse Sich den Eigenraum nehmen „Nein-sagen" + |

Aversion — Herausforderung

Kernqualität		Falle
In Ruhe Dinge angehen +	zu viel des Guten	Trägheit Faulheit Passivität −

positives Gegenteil — positives Gegenteil

| Spontanität Schnelle Veränderung Ausbruch aus der Routine − | zu viel des Guten | Schnell umstellen Druck Stressige Situationen Multitasking + |

Aversion — Herausforderung

Kernqualität		Falle
Empathie und Einfühlungsvermögen Aufnahmefähigkeit Ahnungsvermögen (Intuition) +	zu viel des Guten	Emotional sein Übergriffig sein Mitleid Einschleichen Vereinnahmen Aussaugen Auflösen im − Gegenüber

positives Gegenteil — positives Gegenteil

| Distanziertheit „Kälte" im Kontakt Abwertung der Beziehungsebene Rigides vorgehen − | zu viel des Guten | Sachlich sein Themen und Personen „neutral betrachten" Vorurteile ablegen Verletzungen bearbeiten + |

Aversion — Herausforderung

Kernqualität		Falle
Bindungsfähigkeit Teamfähigkeit +	zu viel des Guten	Abhängigkeit Verhaftet sein Willenslosigkeit −

positives Gegenteil — positives Gegenteil

| Einzelkämpfertum Disharmonie in Beziehungen Konflikte − | zu viel des Guten | Sich Eigenraum nehmen Leben der eigenen Identität und Individualität Selbst-be-wusst-sein + |

Aversion — Herausforderung

Kernqualitäten des Wassers

Wasser befähigt die Menschen dazu, mit Freude anderen zu dienen, sich problemlos unterzuordnen und Mitmenschen zu unterstützen. Hingabe und Demut zählen zu den typischen Qualitäten des Wassers.

Wasser steht für Ruhe, Gelassenheit und eine schier endlose Geduld. Auch Intuition zählt zu den Stärken des Wassers. Persönlichkeiten mit hohem Wasser-Anteil haben ein gutes Gespür für die Bedürfnisse ihrer Mitmenschen, können sich gut einfühlen und zeigen Empathie.

Gerne arbeiten sie im Team, können sich in jede Gruppe harmonisch einfügen und sind außerordentlich bindungsfähig und -willig.

Fallen des Wassers

Eine Falle des Wassers besteht darin, sich zu leicht unterzuordnen – bis hin zum Unterwürfigen und Unselbständigen. Aus dieser Unterordnung entsteht leicht eine dauerhafte Opferhaltung.

Nicht so wichtig ist es Menschen mit viel Wasser, dass alles nach ihrem Plan verläuft. Diese Eigenschaft führt allerdings auch zu trägem, passivem Verhalten.

Die hohe Emotionalität des Wassers verleitet dazu, andere zu vereinnahmen, gefühlsmäßig auszusaugen und übergriffig zu werden. In der Wasser-Qualität steckt die Gefahr, sich in die Gefühlswelt anderer einzuschleichen und intimes Wissen dann für den eigenen Vorteil zu nutzen. Auch birgt das Wasser das Risiko, sich selbst völlig im Gegenüber aufzulösen – da besteht die Gefahr der Grenzenlosigkeit. Allzu leicht begeben sich Menschen mit viel Wasser in die Abhängigkeit eines Chefs oder eines spirituellen Führers – bis hin zur völligen Willenlosigkeit.

Herausforderungen des Wassers

Persönlichkeiten mit ausgeprägtem Wasser sollten lernen, sich auch einmal um sich selbst und die eigenen Bedürfnisse zu kümmern. Es tut ihnen gut, auch einmal ein „nein!" auszuprobieren und mehr Freiraum für sich in Anspruch zu nehmen. Sie müssen es sich jedoch erst zugestehen, sich in ihrer eigenen Identität und Individualität zu entfalten um dadurch ein neues Selbstbewusstsein zu entwickeln.

Eine große Herausforderung des Wassers liegt darin, sich schnell auf neue Situationen einzustellen, Stress und Druck standzuhalten oder sich im Multitasking zu üben.

Dabei kann es enorm erleichternd wirken, erlittene seelische Verletzungen zu reflektieren und zu bearbeiten. Ein weiteres wichtiges Lernziel bei Wasser-Dominanz liegt darin, die Sach- und Gefühlsebene auseinander zu halten, sowie Vorurteile zu hinterfragen und abzulegen.

Aversionen des Wassers

Eigenschaften, die Wasser hasst, sind Narzissmus, Egoismus und allzu deutliche Selbstdarstellung. Probleme haben Wasser-dominierte Menschen mit gefühlskalten Autoritätspersonen; sie bevorzugen väterliche oder mütterliche Führungskräfte.

Jede rasche Veränderung, jeder Ausbruch aus der gewohnten Routine stellt aus Sicht des Wassers eine Bedrohung dar. Spontanität zählt daher auch nicht zu ihren typischen Eigenschaften.

Je mehr Wasser in einer Persönlichkeit vorhanden ist, desto wichtiger erscheint die Beziehungsebene. Da stoßen distanzierte, gefühlskalte Mitmenschen, die rigide vorgehen auf deutliche Ablehnung. Extrem empfindlich zeigen sich Menschen mit viel Wasser in Kontexten, in denen die Beziehungsebene nicht nur vernachlässigt, sondern sogar abgewertet wird. Disharmonie in Beziehungen wirft sie genauso aus der Bahn wie der Umgang mit Einzelkämpfern und jegliche Form von Konflikt.

„Ordnung ist das halbe Leben!"

Erde

Eigenschaften: fest, schwer, erdig, greifbar, dauerhaft, klar von anderem abgegrenzt

Wirkung: hat Bezug zum Boden, hält zusammen, zeigt deutlich Form, fällt nach unten, ist schwer zu bewegen

Sprüche und Redensarten:

Mit beiden Beinen am Boden stehen.

Gut geerdet sein.

Aus Erde sind wir gemacht; und zur Erde kehren wir zurück.

Mutter Erde

Auch ein hunderttausend Fuß hoher Turm ruht auf der Erde.

Aus China

Zum Weiterdenken:

Was kennzeichnet für Sie einen Menschen mit viel Erde?

Welche Berufe passen aus Ihrer Sicht gut zu hohen Erd-Anteilen?

Was schätzen Sie an Menschen mit viel Erde?

Warum versuchen Sie, sich vor Menschen mit viel Erde zu schützen?

DAS ELEMENT ERDE IM MENSCHLICHEN CHARAKTER

Erdanteile im Charakter erkennt man dort, wo Menschen **mit beiden Beinen am Boden** stehen, aber auch extrem verhaftet sind: in Traditionen, Normen und vergangenen Erfahrungen. Die erdige Grundtendenz zeigt sich in zwei Ausformungen. Einerseits als **fruchtbare Erde,** vom Wasser umspült. Der fruchtbare Erdaspekt manifestiert sich im Respekt vor der Natur, in der Lust am Anbauen, Hegen und Ernten und setzt somit geradezu einen Kontrapunkt zur modernen Konsumgesellschaft. Menschen mit hohem Anteil an fruchtbarer Erde nehmen ihre Grundbedürfnisse wichtig, gehen bewusst rechtzeitig schlafen, essen zu bestimmten Zeiten, achten auf eine funktionierende Verdauung und ziehen die Befriedigung dieser elementaren Bedürfnisse dem großen Abenteuer vor.

Die zweite Ausprägung der Erde, die **rigide Erde,** wirkt dagegen sehr kritisch und ziemlich starr: Alles muss fix sein, vorhersehbar und Sicherheit bieten. Egal, ob es darum geht, eine beständige Partnerschaft zu führen, einen krisensicheren Arbeitsplatz zu ergattern oder ein Haus für den Rest des Lebens zu bauen. Das Sicherheitsbedürfnis erkennt man besonders deutlich in ihrem Wohnumfeld: am Zaun, dem Hochsicherheitsschloss und der Alarmanlage. Disziplin und Pflichterfüllung rangieren bei hohen Erdanteilen vor allem anderen; Genuss wird erst dann möglich, wenn alle Arbeiten erledigt sind. Also möglicherweise nie.

Sie gehen nicht Mittagessen, weil sie noch so viel zu tun haben oder schlafen nicht, bevor nicht der gesamte Haushalt glänzt und strahlt. Dafür erwarten sie sich – oft vergeblich – Dank und Anerkennung für ihren Gehorsam und ihre Tüchtigkeit.

Erde fällt nach unten, und auch Erdanteile im Charakter zeigen sich in einem Bezug nach unten, in Bescheidenheit, Unterordnung und einem schwachen Selbstvertrauen, das bis zur Duckmäuserei gehen kann.

Auf der einen Seite punkten von Erde dominierte Menschen mit **Verlässlichkeit, Verbindlichkeit und Gewissenhaftigkeit.** Die Kehrseite dieser Eigenschaften liegt in mangelnder Flexibilität, Unnachgiebigkeit, Härte, Steifheit und Dogmatismus. Menschen mit ausgeprägter Erde orientieren sich an traditionellen Werten, die sie gegebenenfalls auch mit allen Mitteln verteidigen. Was abseits der Norm liegt, wird äußerst kritisch betrachtet; Kreativität ist ihnen suspekt.

Erde zeigt von allen Elementen am deutlichsten Form. Aufgaben, die eine klare Struktur oder das Respektieren von Regelwerken erfordern, liegen Menschen mit viel Erde in der Persönlichkeit besonders. Sie halten nicht nur selbst Ordnung, sondern fügen sich auch in die Normen anderer ein. Allerdings kann die Orientierung an Strukturen auch leicht ins **Zwanghafte** abgleiten. Dann müssen die Baupläne im grünen Ordner sein und die Buchhaltung im roten, der Salat muss vor der Hauptspeise gegessen werden und darf nicht dazu serviert werden – alles andere ist undenkbar. Im Extremfall entwickeln Menschen mit hohem Erdanteil sogar krankhafte Zwänge, waschen sich andauernd die Hände, steigen nur in die Mitte von Bodenplatten und nie auf die Ritzen oder wohnen im Hotel ausschließlich in Zimmern mit geraden Nummern.

Erde, das dauerhafteste aller Elemente, steht auch für Ausdauer, Geduld und ein ausgeprägtes Zeitgefühl. Zwar verfügen Menschen mit hohem Erdanteil über eine schier unerschöpfliche Geduld – strapazieren aber im Gegenzug die Geduld der anderen: durch Langsamkeit oder Trägheit, oft aber auch durch ihren Perfektionismus, der eben seine Zeit braucht.

Erdanteile erkennt man in Menschen, die sich deutlich von anderen abgrenzen. Sie geben sich im Umgang mit ihren Mitmenschen geradlinig – sind typische „grade Michls" –, aber auch distanziert und abweisend.

Viele Formulierungen, die sich auf Grund und Boden beziehen, passen perfekt zu erd-dominierten Persönlichkeiten: Sie sind gründlich, oft auch tiefgründig und bodenständig. Sie agieren im wahrsten Sinne des Wortes solide – denn solum ist das lateinische Wort für Boden und Erde. Diese Gründlichkeit schlägt allerdings nicht selten in Pedanterie um.

Sie sind gründlich, oft auch tiefgründig und bodenständig.

So wie die Erde selbst ein dichter Stoff ist und viel wiegt (vor allem im Vergleich zu Feuer und Luft), so zeichnen sich Menschen mit viel Erde in der Persönlichkeit auch durch eine gewisse Schwere aus. Sie nehmen die Dinge (zu) tragisch und sind häufig pessimistisch, oft auch schwermütig und melancholisch. Da ihnen geistige Höhenflüge und Flatterhaftes vollkommen fremd bleiben, schätzen sie ihr Leben sowie ihre Erfolgsaussichten und Möglichkeiten realistisch ein. Lernen sie etwas Neues kennen, überprüfen sie es automatisch hinsichtlich seiner Verwendbarkeit und Nützlichkeit; Ästhetik oder einfach die Freude am Außergewöhnlichen geraten dabei in den Hintergrund. Diese Zweckorientierung mutet oft berechnend und materialistisch an. Menschen mit viel Erde beeindrucken durch Sachlichkeit, die in übertriebener Ausformung jedoch auch den Keim für Trockenheit und emotionale Kälte in sich trägt.

Menschen mit viel Erde geben anderen **Orientierung und Sicherheit** durch ihre sachliche Art und das Festhalten an traditionellen Werten. Sie repräsentieren das Eltern-Ich, das alles besser weiß und es für selbstverständlich hält, andere zu leiten, aber auch zu kritisieren und zu bewerten.

Weil sie so gewissenhaft und detailorientiert arbeiten, halten sich Erde-Dominierte manchmal für unantastbar. Stehen sie jedoch vor einer Aufgabe, die sie nicht perfekt erledigen können, laufen sie Gefahr, gleich gar nicht damit zu beginnen und in Trägheit und Resignation zu verfallen. Ihr Planungsfaktor ist auffallend hoch: Um eine Herausforderung überhaupt annehmen zu können müssen sie sich erst einmal Orientierung verschaffen und benötigen vorab eine lange Planungsphase.

Schnelle Lösungen – quick and dirty – verachten sie. Damit verlieren sie allerdings manchmal das Gefühl für die Angemessenheit des Aufwands. Für die letzten fünf Prozent bis zur Perfektion sind sie bereit, noch 25 Prozent an Zeit aufzuwenden. Nicht nur in heiklen Situationen wählen sie jedes ihrer Worte mit Bedacht und überarbeiten einen Brief hundertfach. Wollen sie hausintern einen Besprechungsraum reservieren, checken sie schon vorab sämtliche möglichen Varianten und wählen dann in ihrem Reservierungsmail für eine derartig banale Anfrage so durchdachte Formulierungen, dass das Verfassen dieses Schriftstücks eine ganze Stunde benötigt.

Schlägt ihnen ihr Kollege oder ihre Ehefrau eine einfachere, schnellere Lösung vor, reagieren sie voll Skepsis und ändern ihre Vorgehensweise nur unter großem Druck. Ihr Motto lautet: „Bevor ich es halb mache, mache ich es lieber gar nicht."

Persönlichkeiten mit ausgeprägter Erde können viel umsetzen – sofern es sich um vertraute Arbeitsaufgaben handelt und sie sich während dieses Prozesses niemals überfordert fühlen.

Erde wird getrieben von **Idealbildern,** und zwar nicht von Trugbildern wie die Luft, sondern von sehr realen Zielen. Der Hang zum Vergleichen mit hochgeschätzten Vorbildern verursacht bei erdigen Menschen oft Unzufriedenheit: Der Nachbar hat die besser aufgeräumte Garage, die Schwester die hervorragenderen Schulnoten, und die Figur ihrer Freundin entspricht viel eher Modelmaßen als ihre eigene. Erde-dominierte Persönlichkeiten, vor allem Frauen, hungern sich gerne an Idealmaße heran. Dabei bereitet ihnen die Selbstkasteiung ähnlich viel Befriedigung wie anderen Menschen das genussvolle Essen.

Wer gerne vergleicht, ordnet auch (vor)schnell ein und bewertet ohne Bedenken. Menschen mit viel Erde durchleuchten jemanden schon bei der ersten Begegnung und halten an diesem ersten Eindruck dann auch gerne fest. Das kann für ihr Gegenüber durchaus unangenehme Folgen haben, wenn er oder sie sich beim ersten Treffen gerade nicht besonders wohl gefühlt hat, eine Bluse mit Fleck oder ein Jackett mit abgewetzten Ärmeln getragen hat oder sonst irgendwie fehlerhaft aufgetreten ist.

Nicht nur der erste Eindruck setzt sich bei Menschen mit viel Erde oft für lange Zeit fest; sie sind generell nachtragend. Konflikte vergangener Tage wirken bis in die Gegenwart herein. Der positive Aspekt dieser Eigenschaft liegt darin, dass Erde-Dominierte auch in Krisenzeiten an langjährigen Freundschaften festhalten und sich unerschütterlich loyal verhalten. Sie wollen es nicht wahrhaben, dass ihr heiß geliebter Vater oder ihre hoch verehrte Universitätsprofessorin auch gravierende Fehler haben. Neuem hingegen misstrauen sie grundsätzlich, egal, ob es um Menschen oder Arbeitsmethoden geht. Unbekanntes wird reflexartig auf mögliche Schwachstellen und Fehler hin analysiert. Als geborene Skeptiker betrachten Menschen mit dominanter Erde Situationen und Problemstellungen aus jeder nur erdenklichen Perspektive und wägen stets die Folgen ihres Handelns ab. Die meisten Gedanken verwenden sie dabei allerdings auf mögliche negative Aspekte: was alles misslingen könnte und welche Hindernisse auftauchen könnten.

Unbekanntes wird reflexartig auf mögliche Schwachstellen und Fehler hin analysiert.

Hat jemand aus Sicht der erdigen Persönlichkeit einen Fehler begangen, beispielsweise den Partner oder die Freundin betrogen, fällt das Verzeihen schwer. Verletzendes oder Böses, das einem einmal widerfahren ist, könnte ja noch einmal geschehen. Lieber bleibt die verletzte Erde allein und so vor weiteren Demütigungen geschützt, als dass sie eine neue Liebe riskieren würde.

Ständig die Kontrolle, sowohl über das Privatleben als auch über die Arbeit, zu behalten, strengt an – und das sieht man den erdigen Menschen durchaus an: Gestik und Mimik wirken angespannt, starr und maskenhaft; vor allem in Stresssituationen. Aus Angst vor unkontrollierbaren Gefühlsaufwallungen halten Menschen mit hohem Erdanteil ihre Emotionen grundsätzlich lieber im Zaum. Enttäuschung zu vermeiden, erscheint ihnen wichtiger, als in vollen Zügen zu leben. Es gelingt ihnen einfach nicht so leicht wie den Luft-Dominierten, den Augenblick zu genießen. Eher haken sie die Programmpunkte ihres Tages ab – froh, wenn nichts Unvorhergesehenes passiert.

Menschen mit hohem Erdanteil wollen jeweils das absolut beste Ergebnis erzielen. Geschickt entdecken sie jeden Fehler und sehen auch nicht darüber hinweg. Diese Fähigkeit, sich auf Details zu konzentrieren und feinste Veränderungen wahrzunehmen, befähigt sie auch, Qualität zu erkennen und zu schätzen. Ihnen ist nicht egal, ob die Tortenglasur glatt oder pockennarbig ist oder ob die Einladung auf handgeschöpftem Bütten oder auf simplem Druckerpapier geschrieben wurde. Wer ihnen ein Geschenk mit Raffinesse und Können verpackt, steigt in ihrem Ansehen.

Auch im beruflichen Bereich lässt sich diese Liebe zum Detail nutzen: In der Buchhaltung, im Controlling oder dort, wo einmal aufgeräumt werden muss. Privat wie beruflich misten von Erde dominierte Menschen gerne aus. Beim Putzen sind sie unübertrefflich: Sie polieren bis die Fenster oder das Auto glänzen und bringen auch noch den letzten Fleck aus der weißen Wäsche heraus. Dabei agieren sie wie fleißige Ameisen und gönnen sich keine Pause, bevor sie nicht selbst mit dem Ergebnis zufrieden sind.

Dieser Wunsch nach optimalen Lösungen kann für das Umfeld auch zur Belastung werden. Da kommt der Tisch-Staubsauger schon vor dem Ende der Mahlzeit zum Einsatz, weil kein Brösel auf dem Tisch liegen darf. Oder die erdige Buchhalterin geht abends nicht nach Hause, weil sie einen Fehler in der Bilanz einfach noch nicht finden konnte, während ihr Mann vor dem kalt gewordenen Essen wartet. Locker zu lassen, müssen Persönlichkeiten mit hohem Erdanteil oft erst mühevoll lernen.

Angst und Risikobewusstsein als treibende Kräfte

Menschen mit hohen Erdanteilen in ihrer Persönlichkeit werden von Angst getrieben. Manchmal schöpfen sie aber sogar Energie aus dieser Angst. Aufgrund ihrer pessimistischen Grundhaltung sehen sie zwar in jeder neuen Herausforderung reflexartig einmal, was alles Negatives daraus resultieren könnte. Sie fürchten sich nicht nur vor Unannehmlichkeiten, die ihnen zustoßen könnten, sondern vor allem auch vor ihrer eigenen Unzulänglichkeit: Die Angst, einen Fehler zu machen, nicht perfekt genug gearbeitet zu haben oder negatives Feedback hören zu müssen, hält sie fest unter Kontrolle. Generell fürchten sie jegliche Veränderung, sei es bei ihren Beziehungen, im Arbeitsprozess oder auch in ihrem Wohnumfeld. Diese Angst kann lähmend sein aber auch viel Positives bewirken.

Die Furcht vor der eigenen Fehlleistung treibt sie zu exzellenter Arbeitsweise und großem Engagement an. Sie sind auf der **Suche nach Perfektion** und gehen bei ihrer Arbeit so ins Detail, dass sie alle eventuellen Fehler mit einkalkulieren und zu vermeiden trachten.

Ihre Angst vor Veränderung führt mitunter dazu, dass sie gewichtige Entscheidungen erst nach einem längeren Nachdenkprozess fällen und so vor Kurzschlusshandlungen bewahrt werden. Diese Vorgehensweise verlangt nach einem großzügigen Zeitbudget – das sollten Menschen im Umgang mit erdigen Mitmenschen berücksichtigen.

Die Furcht vor möglichen Krankheiten treibt sie dazu an, gesund zu leben, maßvoll zu essen und zu trinken und gar nicht erst mit dem Rauchen zu beginnen. In ihrem Inneren scheint die Stimme der Vernunft niemals zu verstummen.

Angst verhindert oft Veränderungen. Ein Übermaß davon zieht zwanghaftes Verhalten und panische Reaktionen nach sich. Menschen mit hohem

Erdanteil neigen daher auch zu Phobien und Panikattacken. Generell fallen sie häufig durch notorisches Nörgeln auf und stoßen damit auf den Widerstand ihres Umfeldes. Sie verbreiten eine pessimistische Grundstimmung. Daher werden ihre – oft sogar berechtigten Einwände – nicht gerne gehört.

Vor allem Männer neigen dazu, ihre Ängste grundsätzlich zu verleugnen und damit auch das Potenzial dieser Angst nur wenig zu nutzen. Zu sehr fordern sie von sich selbst, jede Situation im Griff zu haben. Dabei übersehen sie, dass Angst nicht nur ein Zeichen von Schwäche ist, sondern ein überlebenswichtiger Schutzmechanismus, der unsere Sinne schärft und unsere Wachsamkeit erhöht.

Im Gegensatz zur Luft in der Persönlichkeit, die sich in optimistischer Grundstimmung ausdrückt, manifestiert sich die Erde im Pessimismus. Menschen mit hohem Erdanteil sind die geborenen Skeptiker. Das zeigt sich positiv darin, dass sie über ein hohes Risikobewusstsein verfügen. Daraus resultiert auch eine hohe Analysekompetenz, die sich beruflich nutzen lässt: beispielsweise in der Marktforschung oder im Bereich der Wirtschaftsprognosen.

Menschen mit hohem Erdanteil sind die geborenen Skeptiker.

Leider kalkulieren Erde-Dominierte Hindernisse und Unannehmlichkeiten nicht nur ein, sondern glauben auch fest daran, dass alle vorhergesehenen Schwierigkeiten und Unannehmlichkeiten auch eintreten werden. Prophezeit die Wettervorhersage eine Regenwahrscheinlichkeit von 60 Prozent, nehmen sie das drohende Schlechtwetter als fixe Tatsache und sagen ihre Gartenparty lieber gleich ab.

Die negative Erwartungshaltung führt, wenn auch nicht beim Wetter, so doch in vielen anderen Situationen, nicht selten dazu, dass das Befürchtete auch eintritt – eine self-fullfilling prophecy.

QUALITÄTEN DER ERDE: DANKBARKEIT, VERLÄSSLICHKEIT UND ORDNUNGSSINN

Menschen, die mit ihrer Erde im Reinen sind verspüren eine tiefe Dankbarkeit für ihr Leben. Was ihnen an Gutem widerfährt, wissen sie zu schätzen und sie haben einen Blick für das positive Detail: Zwar ist die Ferienwohnung äußerst spartanisch möbliert, aber der Blick aufs Meer umwerfend. Oder sie finden nach einem langen, ärgerlichen Arbeitstag ihren Frieden, sobald sie abends ihrer kleinen Tochter eine Gute-Nacht-Geschichte vorlesen und das Kind in ihren Armen einschläft.

Mit der Dankbarkeit Hand in Hand gehen auch Demut und das Gefühl, alles zu bekommen, was einem zusteht. Diese Haltung zeigt sich beispielsweise bei vielen Landwirten, die sich auf die wechselnden Verhältnisse der Natur und die dadurch resultierenden Schwankungen bei den Ernteerträgen gelassen einstellen können. Eine reiche Ernte wird nicht als Selbstverständlichkeit gesehen, sondern als Geschenk.

Bleibt die Erde jedoch unerlöst, fehlt gerade dieser Blick für die Fülle dessen, was einem das Leben schenkt. Dann wird – ziemlich direkt und geradlinig – genörgelt und gemeckert und in jeder Suppe ein Haar gefunden.

Neben der ausgeprägten Dankbarkeit bestehen weitere Qualitäten erlöster Erde in Verlässlichkeit und Verbindlichkeit. Wer viel Erde in seiner Persönlichkeit vereint ist oft ein Mensch mit Handschlagqualität. Er oder sie übernimmt gerne Verantwortung und gibt sie auch nicht ab, bevor eine Aufgabe ganz erledigt ist. Zusagen, die einmal gemacht wurden, werden eingehalten – koste es, was es wolle. Das schätzen Geschäftspartner und

Freunde an ihren erdigen Mitmenschen. Für die Betroffenen selbst geht das Engagement jedoch oft bis zur Selbstaufgabe.

Menschen mit viel Erde vertreten einen stabilen Wertekanon, der sich nicht leicht verändern lässt. Sie halten gerne an Traditionen fest und können daher meist gut mit der älteren Generation kommunizieren und zusammenarbeiten.

Wofür Menschen mit hohen Erdanteilen noch geschätzt werden, ist ihr Ordnungssinn. Sie können rasch Strukturen schaffen und Dinge kategorisieren. Räumen sie auf, tun sie das gründlich und wohl überlegt. Da werden herumliegende Spielsachen oder Aktenberge nicht einfach in irgendeinen Kasten entsorgt, sondern ausgemistet und dann nur das Wesentliche an einem optimalen Platz deponiert. Menschen mit viel Erde fällt es zudem leicht, sich persönlich einzuordnen. Sie sehen auch für sich selbst einen perfekt passenden Platz innerhalb von Unternehmensstrukturen oder Familiengefügen. Ist ihre Erde erlöst, ordnen sie sich reibungslos ein; bei unerlöster Erde handelt es sich eher um eine Form des Unterordnens.

DIE GEFAHREN DER UNERLÖSTEN, UNREIFEN ERDE

Nicht nur die Neigung zur persönlichen Unterordnung zählt zu den Gefahren unerlöster Erde. Vor allem Schüchternheit und Unsicherheit können Menschen mit nicht erwachsener Erde in ihrer Entfaltung hemmen. Macht man ihnen ein Kompliment zu ihrer Halskette oder ihrem neuen Auto, vermuten sie dahinter nicht selten einen sarkastischen Kommentar. Schon kleine unerwartete Vorkommnisse können sie aus dem Konzept bringen: Wird ein von langer Hand geplantes Radiointerview nicht wie vereinbart in ihrem Büro sondern im Besprechungszimmer durchgeführt, kann sie das massiv verunsichern.

Sie haben geradezu Angst davor, ganz individuell sie selbst zu werden, und hemmen sich damit selbst in ihrer Entwicklung. Zu sehr befürchten sie, dass sie, wenn sie ihren Wünschen und Neigungen nachgeben, abseits des Mainstreams und der einzig richtigen Norm landen könnten. Ein möglicherweise nicht makelloses Leben verursacht ihnen ein schlechtes Gewissen, weswegen sie ihre Unzulänglichkeiten in endlosen inneren Dialogen immer wieder durchkauen müssen.

Die zur Erde gehörenden Ängste können auch krankhafte Formen annehmen und als Versagensangst, Verletzungsfurcht oder Berührungsfurcht zu Tage treten. Menschen mit stark unerlöster Erde ängstigen sich vor öffentlichen Auftritten, Prüfungen und großen Menschenmengen. Sie steigen auf kein Fahrrad und meiden Klettergärten ebenso wie spitze Gartengeräte. Um nicht mit den Keimen anderer Menschen in Berührung zu kommen, fahren sie nicht mit öffentlichen Verkehrsmitteln oder streifen stets blütenweiße Baumwollhandschuhe über, bevor sie die Haltegriffe in der Straßenbahn berühren.

Blütenweiß müssen nicht nur die Handschuhe sein; auch sonst ist Sauberkeit das höchste Gebot. Neben dem Reinigungszwang erschwert oft auch ein Kontrollzwang das Leben der Personen mit nicht erwachsener Erde.

Auch der Gegenpol der Angststörung kann bei Menschen mit unerlöster Erde zu Tage treten: Sie suchen geradezu nach beängstigenden Situationen und Thrill. Diese Haltung kann sich im Sport zeigen, beim Bungee Jumping, Motorradrennen oder Downhill Mountainbiking. Wer Angst als lustvoll erlebt, tut das mitunter auch im Bereich der Sexualität. Anstelle einer sinnlichen, innigen Verbindung suchen diese Menschen dann ein Machtgefüge und ordnen sich in masochistischer Weise anderen unter.

Sie sind nachtragend und bleiben lebenslang misstrauisch, wenn sie einmal enttäuscht wurden.

Einmal erlittene seelische Verletzungen können bei Menschen mit unerlöster Erde nicht wirklich heilen. Sie sind nachtragend und bleiben lebenslang misstrauisch, wenn sie einmal enttäuscht wurden. Wer vom Partner oder der Partnerin betrogen wurde, verschließt sich dann vor jeder neuen Liebe aus lauter Angst, noch einmal eine derartige Demütigung erleben zu müssen. Hat einmal ein Kollege oder eine Freundin ein persönliches Geheimnis eines erdigen Menschen ausgeplaudert, fasst dieser nie mehr wieder uneingeschränktes Vertrauen. Er oder sie leidet dann lieber unter seinen Problemen als sie mit jemand anderem zu besprechen.

In Familien mit viel unerlöster Erde werden Konflikte über Jahrzehnte aufrechterhalten. Oft weiß die junge Generation gar nicht mehr wirklich, warum sie mit dieser Cousine oder jenem Großonkel nicht sprechen darf. Nicht nur in Familienangelegenheiten, sondern ganz prinzipiell sind Menschen mit viel unerlöster Erde extrem traditionsverhaftet.

Unerlöste Erde zeigt sich auch in Rigidität und Verbissenheit, die bis zur Handlungsunfähigkeit gehen kann. Eine bereits getroffene Entscheidung

wird auch dann nicht mehr revidiert, selbst wenn sie sich als falsch her-
ausgestellt hat.

Die Enge, die durch diese starren Einstellungen entsteht, drückt auch auf
das Gemüt der Betroffenen. Als Ventil für all die aufgestauten Emotionen
dienen auch Wutausbrüche. Nach langer Zeit in der Introversion explodieren diese Persönlichkeiten geradezu. So kommt es dazu, dass Menschen
nach langen Jahren stillen Duldens ihren Partner oder ihre Partnerin verlassen und den Betroffenen das erst mitteilen, wenn die neue Wohnung
bereits bezugsfertig ist und die Scheidungsanwältin schon engagiert ist.

Generell passiert es Persönlichkeiten mit unerlöster Erde leicht, dass sie
bei ihren Entscheidungen die Gefühlsebene total ausblenden. Sie können
im Umgang mit Menschen und Situationen eiskalt agieren – auch ohne
Rücksicht auf ihre eigene seelische Gesundheit. Vor allem in Kombination mit großen Feueranteilen eignen sie sich als gnadenlose und deshalb
erfolgreiche Sanierer von Unternehmen oder als hoch konzentrierte Chi-
rurgen. In derartigen beruflichen Kontexten erweist sich die emotionale
Distanziertheit sogar als Vorteil.

So abweisend sie oft fremden Personen begegnen, so intensiv leben Menschen mit unerlöster Erde ihre familiären Beziehungen. Nicht selten bleiben sie extrem in ihrer Ursprungsfamilie verhaftet, selbst wenn sie längst
eine eigene gegründet haben. Dominante Eltern haben ihnen vermittelt,
sie hätten kein Recht auf ein eigenes Leben und müssten all ihre Kräfte
in den Dienst der Gemeinschaft stellen. Oder aber die Kinder schaffen es
nicht, sich loszulösen, selbst wenn ihnen ihre Eltern die Erlaubnis dazu
geben. Zu sehr verunsichert es sie, das Vertraute zu verlassen.

Furcht und Unsicherheit von Menschen mit unerlösten Erdanteilen können sich bis zur veritablen Existenzangst steigern.

DIE ÄUSSEREN SYMBOLE DER ERDE

Menschen mit hohen Erdanteilen schätzen **alles Reale, Angreifbare** – mehr als das Ideelle. Dazu zählen vor allem Haus und Garten – repräsentativ gestaltet, streng strukturiert und gut abgesichert mit Zaun und Alarmanlage. Nicht selten wacht auch ein großer Hund über das Anwesen.

Ordnung und Struktur ihrer Persönlichkeit spiegeln sich in ihrem materiellen Umfeld wider. Da liegen keine vergessenen Gartengeräte auf dem englischen Rasen, und jedes Beet ist mit einem eigenen Zaun eingefasst. Unkraut würde das Gesamtbild stören und wird entfernt, selbst wenn es lieblich blüht. Auch die Garage ist stets aufgeräumt und das Auto innen und außen perfekt geputzt. Wer einsteigen möchte, muss vorher seine Schuhsohlen reinigen. Manche erd-dominierten Autofahrer führen zu diesem Zweck sogar eine eigene Bürste mit.

Menschen mit hohen Erdanteilen scheuen sich auch nicht, ihrem Umfeld die geltenden Regeln explizit mitzuteilen: mündlich oder auf zahlreichen Schildern. Da erfahren Gäste, dass die Fenster der Toilette gekippt zu lassen seien, die Dusche nach der Benutzung abzutrocknen sei oder der Geschirrspüler stets geschlossen zu halten sei. Das mag zwanghaft anmuten, gibt aber auch Orientierung und Sicherheit.

In modischen Belangen wählen Menschen mit hohen Erdanteilen gerne Ensembles, die farblich und stilistisch perfekt aufeinander abgestimmt sind. Da wird nichts zufällig miteinander kombiniert. Erde stellt gern Kleidungsstücke zusammen, die schon die Erzeugerfirma als Kombination konzipiert hat. Dies dient als Rückversicherung, möglichst wenig falsch zu machen.

Höchste Priorität auf dem Weg zur Perfektion genießt auch die Sauberkeit der Bekleidung; selbst wenn man gerade ein Kleinkind gefüttert oder einen Baum gepflanzt hat. Die Schuhe müssen glänzen und keine Haarsträhne darf sich aus der Frisur lösen; Spuren von Schlamm oder Babybrei wären undenkbar.

Asketische Typen erdiger Menschen kleiden sich gerne wie ein Yogi; naturverbunden, in dezenten Farben und klassisch-schlichten Schnitten. Hemd und Hose wurden garantiert ohne Kinderarbeit erzeugt – hier zeigt sich auch die Werteverbundenheit der Erde. Ebenso gerne tragen Menschen mit ausgeprägter Erde eigenhändig Gestricktes oder selbst Genähtes.

Der Hang zu schlichter, zweckmäßiger Kleidung schlägt manchmal auch ins Spießig-Traditionelle um. Hochgeschlossene Blusen und Strümpfe auch bei sommerlicher Hitze können Zeichen für Erdanteile sein. Männer mit viel Erde wählen gerne klassische Anzüge und Krawatten, die sich auch auf Jahrzehnte alten Fotos finden könnten. Bei ihrem Anblick fragt man sich, wo es derartige Kleidungsstücke überhaupt noch zu kaufen gibt.

Der Hang zu schlichter, zweckmäßiger Kleidung schlägt manchmal auch ins Spießig-Traditionelle um.

Besonderes Augenmerk legen Menschen mit viel Erde auf die Qualität der Bekleidung: Angebote billiger Modeketten kommen gar nicht ins Haus.

Gerade Frauen mit dominanter Erde stellen hohe Perfektionsansprüche an ihre äußere Erscheinung. Sie hungern sich zur Idealfigur und kleiden sich, egal ob leger oder elegant, stets perfekt. Jedes mögliche kritische Feedback zu ihrer Erscheinung wird so gut wie möglich vermieden.

Viel Erde in der Persönlichkeit zeigt sich generell in hohem Qualitätsbewusstsein bis hin zum Markenfetischismus. Fixiertheit auf bestimmte Marken, die fehlendes Selbstbewusstsein ersetzen sollen, kennzeichnet allerdings eher Menschen mit unerlösten Erdanteilen. Wer mit seiner Erde im Reinen ist, findet sich auch ohne das geborgte Image nobler Marken wertvoll.

Menschen mit viel Erde in der Persönlichkeit, spüren buchstäblich gerne den Boden unter ihren Füßen. Sie gehen häufig zu Fuß, selbst weitere Strecken. Ansonsten nutzen sie öffentliche Verkehrsmittel – das ist vergleichsweise billig und lässt sich auch mit ihrer Naturverbundenheit in Einklang bringen. Fahren sie ein Auto, wählen sie traditionelle Marken, solide Modelle und dezente Farben, für die möglichst keine Aufzahlung zu leisten ist. Auch der Sprit-Verbrauch beeinflusst sie bei ihrer Wahl, denn sie neigen generell zu einer sparsamen, wenn nicht gar geizigen Haltung.

Kulinarisch findet man erlöste Erde dort, wo traditionelle, regionale Hausmannskost gegessen wird; keine Experimente, kaum Exotisches, aber durchaus liebevoll Zubereitetes.

Menschen mit unerlöster Erde hingegen tendieren zu asketischem Essverhalten, rigiden Essensregeln und theorielastiger Nahrungsaufnahme. Sie machen jeden angeblich gesunden Ernährungstrend mit, leben eine Zeit lang vegan, dann nur von Rohkost, in jedem Fall aber salzarm – ziemlich unabhängig davon, ob es ihnen schmeckt und ob diese Ernährungsform ihrem Körper Wohlbefinden beschert. Zwickt der Darm, werten sie das als Zeichen dafür, dass sie sich zuvor zu degeneriert ernährt hätten und sich an die gesunde Nahrung erst gewöhnen müssten. Die krankhafte Ausprägung dieser Einstellung zeigt sich in der Orthorexie, der Fixierung auf gesundes Essen – auch wenn es kein zweifelsfreies Wissen darüber gibt, was nun wirklich gesund ist.

Ungeachtet der einander widersprechenden Forschungsergebnisse zur gesunden Ernährung betätigen sich Menschen mit unerlöster Erde in kulinarischen Angelegenheiten – wie bei der Vermittlung ihres gesamten Wertekanons – gern missionarisch. Sie belehren andere darüber, welche Ernährungsweise die einzig gesunde sei (auch wenn ihr persönliches Umfeld meist bereits registriert hat, dass sich diese Trends alle paar Monate ändern). Wer doch noch Fleisch isst oder Gekochtes oder nicht biologisch-dynamisch Angebautes, sollte in ihrer Gegenwart ein schlechtes Gewissen bekommen.

Äußeres Zeichen von viel Erde können auch zahlreiche Nachkommen sein. Sie beweisen die traditionellen Werte und die Familienverbundenheit erdiger Menschen. Im Vordergrund steht bei diesem Familienmodell aber nicht unbedingt die emotionale Nähe zu den Kindern, sondern der Statusgewinn. Gerade vielbeschäftigte, statusorientierte Männer mit hohem Erdanteil in der Persönlichkeit zeugen oft viele Nachkommen; aufziehen und durchs Leben begleiten sollen sie jedoch ihre Partner.

In der Freizeit und im Urlaub bevorzugen erdige Menschen bewährte Urlaubsziele, die sie dann über Jahrzehnte hinweg alljährlich anpeilen. Gerne kaufen sie sogar ein Domizil am Urlaubsort. Auch Wohnwagen und Wohnmobile sind bei Menschen mit viel Erde beliebt. So behalten sie die maximale Kontrolle über ihren Urlaubsablauf und können besonders sparsam leben. Nicht selten nehmen sie die Lebensmittel für den geplanten Trip schon von daheim mit. Es kann sogar vorkommen, dass sie den Speiseplan für eine mehrwöchige Reise im Vorhinein festlegen

Es kann sogar vorkommen, dass sie den Speiseplan für eine mehrwöchige Reise im Vorhinein festlegen.

und im Wohnwagen aufhängen. Jedes Familienmitglied kann sich also schon darauf einstellen, was es zu essen geben wird.

So vermeiden sie Unwägbarkeiten bei der Versorgung – aber oft auch den hautnahen Kontakt mit ihrem Urlaubsland und dessen Einwohnern. Experimentierfreudigkeit zählt nicht gerade zu den typischen Eigenschaften erd-dominierter Menschen.

Gerne wählen Menschen mit viel Erde auch geführte Bildungsreisen für ihren Urlaub. Sie bringen meist selbst schon viel Wissen mit, lesen unzählige Reiseführer vorab, sehen sich Dokumentarfilme über das zu bereisende Land an und gewinnen so ein Gefühl der Sicherheit, selbst wenn sie in unbekannten Gefilden unterwegs sind. Vor dem Museum warten sie brav in der Schlange und würden eine berühmte Sehenswürdigkeit auch nie wegen dieser Wartezeit auslassen. Was sie sich an Kulturprogramm vorgenommen haben absolvieren sie dann auch.

Erde dokumentiert auch gerne das Gesehene, führt Buch über die gefahrenen Kilometer und die Anzahl der bereits besuchten Nationalparks. Diese Übersicht gibt den Menschen mit hohem Erdanteil Orientierung und stabilisiert sie auch in ungewohnten Lebenssituationen. Für ihr Umfeld wird dieses Sicherheitsbedürfnis jedoch gelegentlich zur Belastung. Nicht alle Mitmenschen vertragen so einen hohen Organisationsgrad, gepaart mit einem Mangel an Flexibilität.

Unterm Jahr sind die Freizeitaktivitäten von Menschen mit viel tendenziell unerlöster Erde ebenso durchstrukturiert wie die Speisepläne ihrer Reisen: Das Zauberwort dabei heißt Regelmäßigkeit. Dienstags gehen sie kegeln und montags, mittwochs und freitags ins Fitnessstudio. Dort halten sie einen strengen Trainingsplan ein, der es ihnen erlaubt, ihre Gedanken schweifen zu lassen, weil sie sich nicht mehr entscheiden müssen, wie sie die Sporteinheit gestalten. Sie laufen auch gerne eine Stunde lang am Laufband, wo sie über keine Wurzel stolpern können, nicht nach dem Weg fragen müssen und so richtig in einen kontemplativen Zustand geraten.

Erlöste Erde führt Menschen beim Sport häufig ins Freie. Sie sind begnadete Ausdauersportler und bringen auch die Disziplin für einen Marathon mit.

DIE INNERE ERDE ENTWICKELN

Auf dem Weg zu einer erlösten Form der Erde gilt es, den Selbstwert zu entwickeln und eine **substanzielle innere Ruhe** zu gewinnen. Ein guter erster Schritt besteht darin, bewusst Herausforderungen anzunehmen, Neues auszuprobieren und aus diesen Erfahrungen Sicherheit für zukünftige Wagnisse zu gewinnen.

Sich bewusst seinen Ängsten zu stellen führt hin zu deren Abbau. Wer aufmerksam registriert, dass ein Konflikt mit dem Freund oder dem Partner auf alte Ängste vor dem Liebesentzug durch die Eltern zurückzuführen ist, schafft es leichter, aus der Rolle des verschmähten Kindes auszusteigen und auf eine erwachsene und sachliche Art auf einen Konflikt zu reagieren. Auch Versagensängste und das schlechte Gewissen lassen sich leichter überwinden, wenn ihr Ursprung bekannt ist.

Im Idealfall transformiert sich die von Ängsten gerittene Persönlichkeit durch die Entwicklung der inneren Erde zu einer von Liebe getragenen.

Die Entwicklung der inneren Erde beinhaltet den Weg zu einem **stabilen Selbstwert** – unabhängig von Leistung und äußeren Statussymbolen. Nach dem Motto: Ich liebe mich weil ich unverwechselbar ich bin, und das genügt als Grund.

Auf Basis dieses frisch gewonnenen Selbstwerts lässt sich auch ein neues Regelwerk für das eigene Leben erstellen. Normen und Glaubenssätze anderer werden hinterfragt. Richtig und falsch ergeben sich aus den eigenen Überzeugungen und Werten.

Der Weg verläuft nicht geradeaus und hält so manchen Stolperstein bereit. Oft lässt sich der Selbstwert von Menschen mit unerlöster Erde allerdings schon dadurch stärken, dass sie bei auftretenden Gewissensbissen und flauem Bauchgefühl hinterfragen, was im Leben schon einmal ein derartiges Empfinden ausgelöst hat.

Sich Herausforderungen im vollen Bewusstsein auszusetzen, nicht zu flüchten, sondern mitten durch zu marschieren, macht stark. Egal, ob es sich dabei um eine Rede vor Publikum handelt, darum, dicht an einem Hund vorbeizugehen, oder um einen Zahnarztbesuch – durch Übung verlieren all diese Situationen an Schrecken.

Für kritische Momente, die erdig-unsichere Persönlichkeiten aus der Bahn zu werfen drohen – Heimwerken zu zweit oder Autofahren mit einem Besserwisser oder einer Nörglerin auf dem Beifahrersitz – lassen sich Standardantworten einüben. Etwa: „Danke für deinen Beitrag, aber heute fahre ich."

KOMPETENTE, ABER PENIBLE CHEFS

Menschen mit hohen Erdanteilen finden sich häufig in Berufen, in denen nach starren Regeln gearbeitet wird: Sie sind Juristen, Ärzte, Lehrer oder Steuerberater. Sie halten sich selbst penibel an **Gesetze und Vorschriften,** und lassen auch bei ihren Mitarbeitern keine Abweichungen zu. Aufgrund ihrer Geduld eignen sie sich gut für die Lehrlingsausbildung, allerdings legen sie Wert auf Respekt und Anerkennung ihres Wissensvorsprunges. Begegnungen auf Augenhöhe sind mit ihnen erst dann möglich, wenn ihr Gegenüber einen ebenbürtigen Status erreicht hat. Häufig treten sie besserwisserisch auf, worauf viele Mitmenschen in unerlöster Form re-agieren. Zu tief sitzen Kränkungen, die sie durch Lehrer, Eltern und Chefs erlitten haben. Aber auch erdige Führungskräfte haben so ihre Probleme mit Autoritäten: andere Führungskräfte akzeptieren sie nur, wenn sie ähn-lich kompetent erscheinen und einen vergleichbaren Arbeitsstil pflegen.

Die Anerkennung einer Person mit dominanter Erde erwirbt man durch eigene **Fachkompetenz und strukturiertes Arbeiten.** Mitarbeiter tun gut daran, das Spezialistentum einer erdigen Führungskraft anzuerkennen und diesem Respekt auch explizit Ausdruck zu verleihen.

Weil sie zu ausgeprägter Skepsis neigen, arbeiten Führungskräfte mit viel Erde in ihrer Persönlichkeit bevorzugt mit Menschen zusammen, die sich ebenso ins Detail vertiefen können und die auftretende Bedenken nicht kleinreden wollen. Mit ihrem untrüglichen Sinn, Kleinigkeiten wahrneh-men und einordnen zu können, kommen Menschen mit hohem Erdanteil auf Fragestellungen, die niemandem sonst einfallen würden und können damit ein Team durchaus inspirieren.

PRÄZISE, ABER ZURÜCKHALTENDE MITARBEITER

Nicht nur in Führungspositionen, sondern auch als Teammitglied, arbeiten Menschen mit viel Erde in der Persönlichkeit äußerst genau und geradezu detailbesessen. Sie gehen systematisch und immer der Logik folgend vor. Sie denken selektiv, nicht assoziativ wie Menschen mit viel Luft. Das Abwägen aller möglichen Folgen gehört zu ihrem Arbeitsstil. Dafür benötigen sie ausreichend Zeit und werden sehr ungehalten, wenn man sie unter Zeitdruck setzt. Im Idealfall schätzen Führungskräfte ihre Präzision und ihre kritische Haltung. Wer sie mitsamt ihren Ängsten und Vorbehalten ernst nimmt, gewinnt ihr Vertrauen.

Am besten entfalten sich Mitarbeiter, die von Erde dominiert werden, wenn sie die Möglichkeit erhalten, ihren eigenen **Qualitätsmaßstäben** entsprechend zu arbeiten und die Kontrolle über die Qualität ihrer eigenen Leistung zu bewahren. Im Konfliktfall sollten sie – zumindest teilweise – Recht behalten können, ansonsten reagieren sie mit bockigem Widerstand. Wo ihr Spezialwissen gefragt ist und Qualität und Genauigkeit honoriert werden, fühlen sich Menschen mit viel Erde am richtigen Platz. Ängste hingegen entwickeln sie bei persönlicher Kritik, raschen Veränderungen und wenn ihr berufliches Umfeld ihre Qualitätsmaßstäbe missachtet. Bekommen sie zu wenig Zeit, um Entscheidungen zu treffen, werden Regeln grundlos verändert oder dringt jemand im beruflichen Kontext in ihre Privatsphäre ein, sind Persönlichkeiten mit hohem Erdanteil leicht zu vergrämen.

HÖFLICHE, ABER SKEPTISCHE KUNDEN

Bevor Menschen mit viel Erde einen Kauf tätigen, müssen sie erst durch stichhaltige Argumente überzeugt werden. Grundsätzlich stehen sie allen neuen Produkten skeptisch gegenüber und kaufen lieber Traditionelles und Bewährtes. Im Verkaufsgespräch schätzen sie ein moderates Tempo; sie möchten ja jedes Argument überdenken und die wichtigsten Punkte logisch nachvollziehen können. Sie erwarten sich, alle Unterlagen zum Produkt zur Verfügung gestellt zu bekommen und konzentrieren sich auch auf Einzelheiten. Für ihre Entscheidungen benötigen sie **ausreichend Zeit** und verlangen dem Verkaufspersonal durchaus ein hohes Maß an Geduld ab. Die Grundlage ihrer Verkaufsentscheidung bilden Fakten; auf keinen Fall wollen sie überredet werden.

Auch sollte das Verkaufsgespräch niemals zu persönlich werden. Erst nach Jahren, wenn sie bereits zur Stammkundschaft zählen, sprechen Menschen mit viel Erde in der Persönlichkeit auch mit ihrer Buchhändlerin oder ihrem Physiotherapeuten über private Angelegenheiten.

Dem ausgeprägten Sicherheitsbedürfnis ihrer Erde-Kundschaft entsprechen Verkäufer einerseits, indem sie Qualität, Verlässlichkeit und Sicherheit des Produktes betonen, aber auch, indem sie Rücktrittsrechte und Gewährleistungsansprüche detailliert erklären.

Als Kundschaft konzentrieren sich Menschen mit viel Erde auf Fragen, die mit „warum" beginnen: Warum ist gerade diese Waschmaschine die beste? Warum soll ich von meinem alten Handytarif auf den neuen umsteigen?

ERNSTHAFTE UND VORSICHTIGE PARTNER

In einer sehr erdigen Persönlichkeit findet man leicht den Partner oder die Partnerin fürs Leben, denn wenn sich Menschen mit viel Erde einmal auf jemanden einlassen, dann tun sie das für längerfristig – wenn nicht gar bis zur Scheidung durch den Tod. Da sie immer danach trachten, alles richtig zu machen, leiden sie sehr unter Uneinigkeit in der Partnerschaft und der Umgang mit ihnen fällt nicht immer leicht. Sowohl im Liebesleben als auch im alltäglichen Zusammensein verhalten sie sich ernsthaft, vorsichtig und klar strukturiert, was Lebensgefährten und Ehefrauen nicht selten als umständlich und kompliziert empfinden.

Reibungslos fügen sie sich jedoch in die partnerschaftliche Hierarchie ein. Sie begnügen sich mit einer Rolle im Hintergrund und vermeiden es, Aufmerksamkeit auf sich zu lenken. Was sie angefangen haben, beenden sie auch und man kann sich auf sie verlassen.

Von ihrem Ehemann oder ihrer Lebensgefährtin erwarten sie oft zu viel und setzen zu hohe **Maßstäbe** an die Beziehung. Menschen mit hohem Erdanteil sind grundsätzlich schwer zufrieden zu stellen. Lange Zeit unterdrücken sie im Konfliktfall ihre Gefühle, bis sie förmlich explodieren. Räumt die Partnerin trotz wiederholter Anleitung die Spülmaschine falsch ein oder lässt der Ehemann das Flirten mit anderen Frauen nicht, reagieren sie nicht nur ungehalten, sondern geradezu rachsüchtig.

ERDE-DOMINANZ BEI GLEICHZEITIGER FEUER-, LUFT- ODER WASSER-SCHWÄCHE

Dominiert in einer Persönlichkeit die Erde, während das **Feuer nur wenig** ausgeprägt ist, lassen sich diese Menschen nur ungern auf Abenteuer und Experimente ein und begegnen allem Neuen mit großer Skepsis. Dadurch behindern sie sich selbst in ihrer Entwicklung und können nicht ihr gesamtes Potenzial ausschöpfen.

Schwächelt die Luft bei gleichzeitigem Übermaß an Erde, sehen Betroffene die Welt sehr eng und denken extrem nutzenorientiert. Alles und jeder werden auf Brauchbarkeit und Nutzen hin überprüft. Diese Menschen müssen erst lernen, einmal etwas auszuprobieren, ohne das Ergebnis bereits vorab zu kennen.

Korreliert ein großes Maß an Erde **mit wenig Wasser,** besteht die Lernaufgabe darin, auch das auf den ersten Blick Unbegreifliche ins eigene Leben einzulassen. Situationen und Vorkommnisse, die sich nicht gleich einordnen und erklären lassen, können erst so in das eigene Leben integriert werden. Persönlichkeiten mit viel Erde und wenig Wasser müssen erst trainieren sich ungeachtet ihrer Leistung um ihrer selbst willen zu lieben.

Wie reagieren Erde-dominierte Persönlichkeiten ...

... wenn sie auf ein Hindernis treffen?

Jedenfalls reagieren sie heftig und versuchen schnell zu klären, wer die Schuld an den aufgetretenen Unannehmlichkeiten trägt. Entweder schimpfen sie heftig über die Unfähigen und Unprofessionellen, die aus ihrer Sicht das Problem verursacht haben. Oder sie quälen sich mit Selbstvorwürfen und ärgern sich darüber, dass sie das Hindernis nicht haben kommen sehen. Trotzdem beginnen sie meist, schnell zu handeln und vertrödeln keine Zeit mit Lamentieren. Manche erdigen Menschen reagieren geradezu erstaunt darauf, dass gerade sie dieses Risiko nicht vorab bedacht haben. Durch ihre ausgeprägte Vorsorgementalität treten in ihrem Leben gewisse Hindernisse nämlich gar nicht auf: Dass sie ohne das nötige Visum an einer Grenze stehen oder an einem wechselhaften Tag keinen Schirm dabei haben, kommt einfach nicht vor. Manchmal gibt ihnen eine herausfordernde Situation sogar die Chance, ihre Kompetenz zu beweisen. So freuen sie sich im Falle einer Autopanne möglicherweise regelrecht darüber, dass sie mit dem Ultraschutzbrief ihres Autofahrerclubs für alle Eventualitäten vorgesorgt haben.

... wenn sie einen zwischenmenschlichen Konflikt lösen sollten?

Im Streitfall können Menschen mit hohen Erdanteilen kalt und rigide reagieren. Sie suchen eine analytische Lösung, wobei sie emotionale Kollateralschäden gerne ausblenden. Möglicherweise gehen sie dem Streit auch aus dem Weg und reagieren vorerst gar nicht, speichern aber das Fehlverhalten der Konfliktgegner auf einer virtuellen Liste ab. Kommt es dann doch noch zu einer Auseinandersetzung mit dem involvierten Menschen, halten sie ihm Jahre später noch sämtliche Verfehlungen vor.

Viel Erde in der Persönlichkeit geht mit einer rigiden Bewertungskultur einher. Bevor sich Erd-Dominierte auf die Suche nach einer Lösung machen, fahnden sie lieber nach den Schuldigen für die Misere. Gerne suchen Menschen mit hohen Erdanteilen den Fehler in ihrem Gegenüber. Mit ihnen einen Kompromiss zu finden, stellt daher eine große Herausforderung dar.

.... wenn ihnen langweilig ist?

Langweilig wird es Menschen mit viel Erde selten; schließlich können sie immer irgendwo noch für mehr Ordnung sorgen. Ansonsten versuchen sie, ihre Zeit sinnvoll – im Sinne ihrer Werte – zu verbringen: Sie recherchieren im Internet, sehen eine Dokumentation an oder widmen sich einem komplizierten Hobby. Gerne starten sie auch ein Großprojekt, das gleich die gesamte Familie mit beschäftigt. Sie kommen auf die Idee, einen Stammbaum anzulegen, die Terrasse neu zu gestalten oder im Garten ihres Sohnes eine Kräuterspirale zu bauen. Sie engagieren sich auch im Ehrenamt, nicht unbedingt, weil sie sich gerne auf Obdachlose, Menschen mit Behinderung oder Gewaltopfer einlassen, sondern weil sie es als ihre gesellschaftliche Pflicht ansehen, Gutes zu tun.

Menschen mit erlöster Erde gehen zudem gerne auf langen Spaziergängen in sich.

... wenn sie sich bedroht fühlen?

Unvorhergesehenes, Bedrohliches bringt Menschen mit viel Erde oft total aus dem Konzept. Im Moment der Überforderung kann es sogar zu einem totalen geistigen Blackout und körperlicher Starre kommen. Dann beginnen die innerpsychischen Rettungsmaßnahmen: Wie ordne ich diese Situation theoretisch ein, auf welche ähnlichen Erfahrungen kann ich zurückgreifen und welche Reaktion hat sich damals bewährt. In dieser Situation höchster Anspannung gelingt es ihnen nicht mehr, für andere zu sorgen. Fürchtet sich ihr Kind ebenso wie sie, mahnen sie es eher dazu, sich zusammenzureißen, als dass sie es trösten könnten.

...wenn sie vollen Handlungsspielraum haben?

Auch wenn sie vollen Handlungsspielraum haben, orientieren sich Menschen mit viel Erde in der Persönlichkeit gerne an vorgegebenen Strukturen und Regeln. Da sie stets sicher gehen wollen, das Richtige zu tun, benötigen sie Orientierung von außen. Damit versuchen sie die Garantie zu erlangen, dass sie niemand im Nachhinein für ihre Vorgangsweise kritisieren kann.
In einem beruflichen Kontext, in dem sie sich in untergeordneter Position fühlen, warten sie oft einfach ab, bis ihnen jemand den Weg weist. Im privaten Bereich, in dem sie sich selbst als richtungsweisend empfinden, agieren sie aktiver und gestalten ihr eigenes Regelwerk, jedoch streng am allgemein üblichen Moralkodex orientiert.
Spätestens um 22 Uhr endet für sie der volle Handlungsspielraum, denn da gehen sie regelmäßig schlafen. Der ständige Perfektionsdrang der Erde macht nämlich rechtschaffen müde.

KURZ & BÜNDIG:
QUALITÄTSRASTER FÜR DAS ELEMENT ERDE

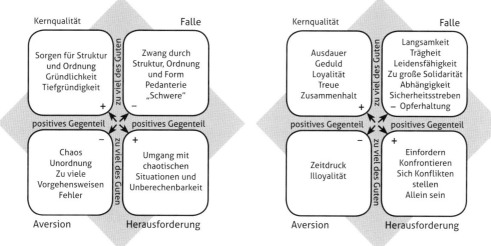

Kernqualität		Falle
Sorgen für Struktur und Ordnung Gründlichkeit Tiefgründigkeit **+**	*zu viel des Guten*	Zwang durch Struktur, Ordnung und Form Pedanterie „Schwere" **−**
positives Gegenteil		positives Gegenteil
Chaos Unordnung Zu viele Vorgehensweisen Fehler **−**	*zu viel des Guten*	Umgang mit chaotischen Situationen und Unberechenbarkeit **+**
Aversion		Herausforderung

Kernqualität		Falle
Ausdauer Geduld Loyalität Treue Zusammenhalt **+**	*zu viel des Guten*	Langsamkeit Trägheit Leidensfähigkeit Zu große Solidarität Abhängigkeit Sicherheitsstreben Opferhaltung **−**
positives Gegenteil		positives Gegenteil
Zeitdruck Illoyalität **−**	*zu viel des Guten*	Einfordern Konfrontieren Sich Konflikten stellen Allein sein **+**
Aversion		Herausforderung

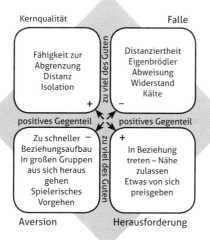

Kernqualität		Falle
Fähigkeit zur Abgrenzung Distanz Isolation **+**	*zu viel des Guten*	Distanziertheit Eigenbrödler Abweisung Widerstand Kälte **−**
positives Gegenteil		positives Gegenteil
Zu schneller Beziehungsaufbau In großen Gruppen aus sich heraus gehen Spielerisches Vorgehen **−**	*zu viel des Guten*	In Beziehung treten – Nähe zulassen Etwas von sich preisgeben **+**
Aversion		Herausforderung

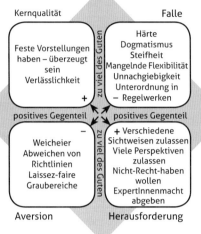

Kernqualität — Falle

Feste Vorstellungen haben – überzeugt sein Verlässlichkeit +

Härte Dogmatismus Steifheit Mangelnde Flexibilität Unnachgiebigkeit Unterordnung in − Regelwerken

zu viel des Guten

positives Gegenteil — positives Gegenteil

− Weicheier Abweichen von Richtlinien Laissez-faire Graubereiche

+ Verschiedene Sichtweisen zulassen Viele Perspektiven zulassen Nicht-Recht-haben wollen ExpertInnenmacht abgeben

zu viel des Guten

Aversion — Herausforderung

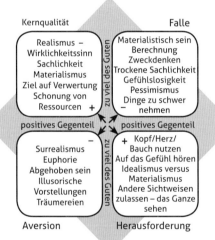

Kernqualität — Falle

Realismus – Wirklichkeitssinn Sachlichkeit Materialismus Ziel auf Verwertung Schonung von Ressourcen +

Materialistisch sein Berechnung Zweckdenken Trockene Sachlichkeit Gefühlslosigkeit Pessimismus Dinge zu schwer − nehmen

zu viel des Guten

positives Gegenteil — positives Gegenteil

− Surrealismus Euphorie Abgehoben sein Illusorische Vorstellungen Träumereien

+ Kopf/Herz/ Bauch nutzen Auf das Gefühl hören Idealismus versus Materialismus Andere Sichtweisen zulassen – das Ganze sehen

zu viel des Guten

Aversion — Herausforderung

Kernqualitäten der Erde

Erde punktet vor allem mit ihrem Sinn für Ordnung und Struktur, mit Gründlichkeit und Tiefgründigkeit. Sie steht für Ausdauer, Geduld und Loyalität, aber auch für den Zusammenhalt von Familie und vertrauten Gruppen. So abweisend Menschen mit viel Erde manchmal wirken, so gut gelingt es ihnen, sich von emotional Belastendem oder Menschen, die ihnen nicht gut tun, zu distanzieren. Ihre Überzeugungen wanken nicht, und sie sind in jeder Hinsicht verlässlich.

Sie schätzen Situationen realistisch ein, argumentieren und agieren sachlich und haben einen guten Blick für den Nutzen einer personellen Konstellation oder der vorhandenen materiellen Güter. Erde-Dominierte setzen auf Ressourcenschonung und gehen mit ihrem Vermögen äußerst sparsam um.

Fallen der Erde

Der Drang nach Struktur und Ordnung führt leicht zu Pedanterie. Aus der Liebe zum Detail resultiert oft eine gewisse Langsamkeit bis hin zur Trägheit. Viel Erde zeigt sich auch in extrem großer Leidensfähigkeit, überdimensionaler Solidarität und Abhängigkeit. Wo die Erde überhandnimmt, verfallen Menschen leicht in eine Opferhaltung. Zu großes Sicherheitsstreben hindert sie in ihrer Selbstentfaltung.

Ihre Distanziertheit hat zwei Seiten: Dem Selbstschutz steht eine Form der Selbstisolation gegenüber, die die Betroffenen von ihren

Mitmenschen entfernt. Sie erscheinen als abweisend, als „kalte Fische" und Eigenbrötler. Läuft etwas nicht hundertprozentig nach ihren Plänen, leisten sie ungeahnten Widerstand. Ihre Härte, ihr Dogmatismus und ihre mangelnde Flexibilität werden Menschen mit viel Erde leicht zum Verhängnis. Pessimismus, Zweckdenken und trockene Sachlichkeit stehen ihnen beim Aufbau liebevoller und inniger Beziehungen im Weg. Und schließlich nehmen sie die Irritation, die sie wegen ihrer starren Ordnung und ihrer mangelnden Flexibilität bei anderen auslösen, so wie alles andere im Leben ziemlich schwer.

Herausforderungen der Erde

Menschen mit viel Erde in der Persönlichkeit müssen den Umgang mit chaotischen, unberechenbaren Situationen erst üben, bevor sie selbstsicher agieren können. Wollen sie sich weiterentwickeln, gelangen sie ans Ziel, indem sie sich ihren Konflikten stellen, sich mit Unangenehmem konfrontieren und auch Verständnis für sich selbst einfordern. Dabei führt kein Weg daran vorbei, in Beziehung zu treten und sich auf andere einzulassen, auch wenn es ihnen anfangs schwer fällt, etwas von sich preiszugeben. Im näheren Umgang mit ihren Mitmenschen lernen sie dann, verschiedene Perspektiven und Sichtweisen zuzulassen, auch einmal die Position der Spezialistin oder des Experten zu verlassen und nicht immer recht zu haben. Auch in ihnen lebt ein Idealismus, der allerdings erst wach geküsst werden muss. Haben sie einmal gelernt, nicht nur auf ihren Verstand, sondern auch auf ihr Gefühl zu hören, erscheint ihre Persönlichkeit um viele Facetten bereichert.

Aversionen der Erde

Eine regelrechte Abneigung verspürt Erde gegenüber Chaos und Unordnung, aber auch gegenüber Fehlern und Unzulänglichkeiten. Unter Zeitdruck geht bei ihnen gar nichts mehr. In großen Gruppen wagen es Menschen mit hohen Erdanteilen nicht so rasch, aus sich herauszugehen – und mit lockeren Kennenlernspielen fangen sie rein gar nichts an. Beziehungen gehen sie gerne langsam und analytisch ein – dafür halten diese dann lange. Außer, jemand verhält sich ihnen gegenüber illoyal, dann ist das Verhältnis auf Dauer gestört, wenn nicht gar beendet.

Aversionen hegen Menschen mit viel Erde auch gegenüber Grauzonen, ungeklärten Zuständigkeiten, abweichenden Richtlinien und jeder Form des Laissez-faire. Mit Träumereien fangen sie nichts an; Euphorie und ungestüme Gefühlsausbrüche behagen ihnen ebenso wenig wie illusorische Vorstellungen und Surrealismus. Sie bleiben lieber auf dem Boden der Realität.

NEUORIENTIERUNG MIT DEM SELF MODELL DER NATURELEMENTE

In der praktischen Anwendung kann das SELF Modell der Naturelemente dazu dienen, eigene Verhaltenstendenzen sowie die anderer Personen zu betrachten und zu hinterfragen – beispielsweise den individuellen Führungsstil oder die eigene Rolle in der Familie. Der Nutzen einer Neuorientierung anhand einer Analyse nach den vier Elementen beschränkt sich aber nicht auf Erkenntnisse zum Status quo, sondern umfasst auch konkrete Handlungsanleitungen für die zukünftige Entwicklung. Die folgenden vier Fallbeispiele sollen verdeutlichen, wie das SELF Modell der Naturelemente Menschen in den verschiedensten Situationen bereits zu neuen Perspektiven verhelfen konnte.

Fallbeispiel 1: ▷ **Den Weg zum authentischen Führungsstil finden**

Max Empathik, ein besonnener Mann mit hoher sozialer Kompetenz, leitet in einem renommierten Unternehmen ein Team von Technikern. Als er ins Coaching kommt, belasten ihn vor allem die Erwartungen seines Chefs an ihn: Er solle sich tatkräftiger durchsetzen, so die Vorgabe, und bildlich gesprochen „einmal so richtig auf den Tisch hauen". Er müsse die ihm zugeteilten Mitarbeitenden strenger führen und mehr Präsenz als Teamleiter zeigen.

In der Sprache der Elemente lautet die Aufgabe, er möge wesentlich mehr Feuer zeigen. Der Führungsstil seines Vorgesetzten widerstrebt Max Empathik jedoch zutiefst. Er ist ein Mensch mit hohen Luft- und Wasseranteilen und sein eigener Fokus in der Mitarbeiterführung liegt neben dem Erzielen optimaler fachlicher Ergebnisse auf Mitbestimmung und Kommunikation auf Augenhöhe. Er sieht sich selbst eher als „Vorgenetzter" denn als Vorgesetzter. Durch seine hohen Luft-Anteile verfügt er über Fähigkeiten als aufmerksamer und respektvoller Kommunikationspartner; seinen Wasser-Anteilen verdankt er die Empathie und die Begabung, Beziehungen zu gestalten.

Allerdings findet auch er selbst die Ergebnisse seines Führungsstils wenig zufriedenstellend, fühlt sich nicht ausreichend ernst genommen und stellt sich gelegentlich die Frage, ob er nicht zu weich und zu verständnisvoll agiere. Eines weiß er allerdings mit Sicherheit: Wohin auch immer er sich entwickeln wird, den Führungsstil seines Chefs möchte er keinesfalls kopieren. Dieser, ein Mensch mit ausgeprägten, aber unerlösten Feuer-Anteilen, kritisiert ihn auf destruktive Weise und bevormundet ihn. Jene Soft Skills, die Max Empathik aus seinen Luft- und Wasseranteilen bezieht, nimmt er zunächst nicht einmal selbst als Ressourcen wahr.

Die spezielle Art von Feuer, die sein Vorgesetzter in ihm entfachen möchte, steht im krassen Gegensatz zu Max Empathiks Naturell. Daraus resultiert seine tiefe Abneigung gegenüber dem Führungsstil des Chefs. Aber trotz dieser Aversion reagiert er mit der Zeit in Stresssituationen immer öfter ähnlich wie sein Vorgesetzter.

Erschwert wird seine innerbetriebliche Positionsfindung dadurch, dass die Mitarbeiter, die er fachlich anleiten soll, ihm disziplinär nicht unterstehen. Durch die unklare Kompetenzverteilung in der Organisation gerät er zusätzlich unter Druck und steht kurz vor dem Burnout, als er ins Coaching kommt.

Zunächst lernt er durch ein Persönlichkeitsportrait nach den vier Elementen seine individuellen Stärken kennen, nimmt aber im Gegenzug auch seine Schwächen auf neue Weise wahr. Seine Ressourcen liegen darin, beziehungs- und mitarbeiterorientiert denken zu können und feinste Stimmungsschwankungen in der Gruppe zu registrieren. Dieses Potenzial resultiert aus seinen ausgeprägten Wasser-Anteilen, die er jedoch erst als Stärke und nicht als Schwäche wahrnehmen lernen muss. Außerdem führt er – wenn er nicht gerade extrem unter Druck steht – sehr konstruktive Mitarbeiter-Gespräche. Diese Fähigkeit verdankt er seinen Luft-Anteilen.

Seine Schwäche hingegen besteht in einem unerlösten Zugang zu seinem inneren Feuer: Das rücksichtslose Feuer seines Chefs verachtet er. Den eigenen Mangel an Feuer kompensiert er in Stresssituation allerdings durch ein nicht erwachsenes Ausleben dieser Persönlichkeitsanteile. Nach Phasen der Toleranz und schier unerschöpflichen Geduld explodiert er dann ganz plötzlich. In diesen Momenten ähnelt er seinem Vorgesetzten – und verachtet sich selbst dafür.

Mit einer erwachsenen, positiven Form des Feuers, die er erst mittels Coaching erlernt und die sich deutlich vom Feuer seines Chefs unterscheidet, kann er sich schließlich anfreunden. Nun kultiviert er seinen inneren König, der klar eine Richtung vorgibt, aber dabei niemanden unterdrückt. Aus seinem problematischen Umgang mit dem Feuer des Vorgesetzten wird im Laufe seiner Persönlichkeitsentwicklung ein durchaus entspannter: Dessen Wutausbrüchen begegnete er zunehmend mit völlig neutral vorgebrachten Bitten wie „Könnten Sie mir bitte erklären, was Sie konkret an meiner Arbeit gestört hat?" oder Aussagen wie „Es tut mir leid, ich habe übersehen, dass ich hiermit eine Grenze überschritten habe". Er fühlt sich bei kritischen Bemerkungen seines Chefs nicht mehr länger wie ein Kind, das von seinem Vater zurechtgewiesen wird.

Unter anderem gelingt es ihm sogar, den konstruktiven Anteil im Verhalten des Chefs zu sehen: im dominanten Auftreten erkennt er Durchsetzungsfähigkeit, Direktheit und Entscheidungsstärke und lernt, diese positiven Aspekte der Feuer-Qualitäten auch in seiner eigenen Persönlichkeit zu fördern.

Außerdem hinterfragt er zunehmend, welche unterwürfigen oder trotzigen Verhaltensweisen seinen Chef überhaupt erst dazu gebracht haben, so respektlos mit ihm umzugehen. Diese eigenen Anteile haben schließlich dazu beigetragen, die belastende Situation über die Jahre hin zu verfestigen. Seit er sich seines eigenen Beitrags zu dieser unglücklichen Konstellation bewusst ist, ändert er sein Verhalten im Konfliktfall und zähmt auf diese Weise auch den aufbrausenden Vorgesetzten.

Außerdem differenziert er nun sehr klar zwischen den Anforderungen, die seine berufliche Rolle mit sich bringt – die Leitung eines Teams erfordert nun einmal ein bestimmtes Maß an Feuer – und seinem privaten Ich, das weiterhin auf Luft- und Wasserqualitäten setzt.

Weiters wird ihm im Coaching bewusst, dass er auch seine Erdanteile im Job in einer nicht erlösten Form auslebt: Weil er seine Vorstellungen vom optimalen Ablauf des Arbeitsprozesses nicht im Team implementieren kann, erledigt er viele Aufgaben lieber gleich selbst. So steht er am Rand der Erschöpfung und ist trotz persönlicher Höchstleistung äußerst unzufrieden. Durch sein neues, im Coachingprozess gestärktes Selbstbewusstsein wird er auch von seinem Team anders wahrgenommen und zunehmend als Autorität akzeptiert. Diese Veränderung nährt in ihm ein Vertrauen, das es ihm ermöglicht, nach und nach einzelne, klar umrissene Aufgaben zu delegieren.

Stabilisiert durch sein neues Selbstbild erledigt er die beruflichen Aufgaben mit neuer Kraft und kann sich sowohl bei seinen Mitarbeitern als auch bei den Führungskräften besser durchsetzen. Die Arbeit erschöpft ihn nicht mehr so, weil er nicht wider seine Natur handelt, sondern eine für ihn stimmige Form des Feuers leben kann.

In einem Unternehmen mit rund tausend Mitarbeitenden beabsichtigt die neue Geschäftsführung, eine Abteilung für Personalentwicklung zu installieren. Die Stelle soll ausgeschrieben werden, im Coaching taucht jedoch der Vorschlag auf, unternehmensintern nach einer geeigneten Person für diesen Posten zu suchen. Sämtliche Abteilungsleiter haben schon einmal an einem Teamworkshop nach dem SELF Modell der Naturelemente teilgenommen; von allen liegt daher bereits ein Persönlichkeitsportrait vor. Bei näherer Sichtung dieser Persönlichkeitsanalysen zeigt sich, dass Andrea Pionier, die bisherige Leiterin der Personalverrechnung, über das entsprechende Potenzial für den neuen Job verfügt. Sie kennt das Unternehmen gut und hat genügend Feuer für die Pionierarbeit. Aber auch ihre Luft-Anteile prädestinieren sie für die Aufgabe: Sie stehen für ihr kreatives Potenzial, den unstillbaren Wissensdurst und eine hervorragende Kommunikationsfähigkeit.

In ihrer bisherigen Aufgabe wurde sie eher durch ihre Erd-Anteile sichtbar. Als Leiterin der Personalverrechnung punktete sie mit Präzision und Verlässlichkeit. Ihre Vorgesetzten sehen in ihr daher auch zunächst nur eine Kombination aus Wasser- und Erdanteilen. Sie selbst nimmt an sich Erde- und Feuer-Qualitäten wahr. Allerdings war ihr inneres Feuer bisher unterdrückt und trat nur auf Umwegen zu Tage: durch punktuelle Aggression und schnippische Bemerkungen. Ihre Rolle in der Personalverrechnung hat sie so geprägt, dass ihre natürlich vorhandenen Qualitäten ganz in den Hintergrund gerieten. Ihr Persönlichkeitsportrait aber zeigt auf, dass sie von Natur aus ein Luft-Feuer-dominierter Mensch ist, also hervorragend geeignet für kreative Pionierarbeit.

Nach einiger Überzeugungsarbeit wird Andrea Pionier die Personalentwicklung übertragen, wobei sie in der Aufbauphase ganz allein verantwortlich für den Themenbereich sein soll. Dabei zeigt sich, dass sie nicht nur über ausreichend Feuer verfügt, um die neue Abteilung zu etablieren, sondern auch, wie passgenau sie ihre Luft-Anteile in ihre Ausbildung zur Fachfrau für Human Resources einbringt. Sie entwickelt nach all den Jahren im starren Korsett der Personalverrechnung eine unbändige Lust am Lernen und geht voller Tatendurst an den Aufbau der Personalentwicklung heran.

Andrea Pionier lernt aber nicht nur, ihre kreativen Luft-Anteile optimal einzusetzen, sondern auch, bewusst ihren bisherigen Mangel an Wasser-Qualitäten auszugleichen, indem sie an der Entwicklung ihres emotionalen Sensoriums arbeitet. Sie muss erst lernen, mit mehr Geduld auf andere zuzugehen und sich nicht sofort zu ärgern, wenn etwas nicht nach ihren Vorstellungen läuft. Von dieser Erweiterung ihres Verhaltensrepertoires profitieren letztendlich nicht nur die Menschen, mit denen sie beruflich zu tun hat, sondern auch ihr privates Umfeld – und natürlich sie selbst.

Im Coaching arbeitet sie zudem an einem besser dosierten Ausdruck ihrer bisher unterdrückten Feuer-Anteile. Die neue berufliche Aufgabe erfordert Feuer – schließlich leistet sie Pionierarbeit und führt in weiterer Folge auch einige Mitarbeiter. Dass die Unternehmensleitung letztlich ihr diese Aufgabe übertragen hat, sieht sie als Vertrauensbeweis, der sie zusätzlich motiviert. Sie fühlt sich nun ihren Fähigkeiten entsprechend eingesetzt und gewinnt dadurch einen erlösten Zugang zu ihrem inneren Feuer.

Ihr veränderter beruflicher Einsatzort verlangt ihr weniger Erde ab als der bisherige. Daher gehen die Erdanteile in ihrer Persönlichkeit deutlich zurück und machen Platz für das Luftige, kreativ Gestaltende, das ihrem Naturell besser entspricht.

Seitdem Frau Pionier im Job das leben kann, was ihre Persönlichkeit ausmacht, geht sie viel lieber arbeiten und empfindet auch die zahlreichen Überstunden, die der Aufbau der neuen Abteilung erfordert, nicht als beschwerlich. Frei gewordene Energien investiert sie in den Aufbau ihres persönlichen Wassers.

Ihre Vorgesetzten waren anfangs erstaunt, als sie sehen konnten, wie eine neue berufliche Herausforderung in einer langjährigen Mitarbeiterin bisher unentdeckte Persönlichkeitsanteile zum Vorschein bringen kann. Mittlerweile wissen sie ihre Qualitäten zu schätzen und vertrauen ihr.

Nicht selten werden Menschen im beruflichen Kontext so eingeschätzt, wie es ihre Rolle im Job erfordert. Jene Potenziale, die von Natur aus in ihnen schlummern, bleiben dabei verborgen. Durch eine Persönlichkeitsentwicklung mit Hilfe des SELF Modells der Naturelemente können daher ungeahnte Qualitäten sichtbar gemacht werden.

Fallbeispiel 3:	Die erträgliche Leichtigkeit des Seins finden

Claudia Hindernis sucht Rat im Coaching, weil sie mit ihrem Leben rundum unzufrieden ist. Sie fühlt sich in ihrer Haut nicht wohl und glaubt, alles wäre besser, wenn sie nur wieder so schlank wäre wie in ihren Jugendjahren. Insgesamt fühlt sie sich ihren privaten wie beruflichen Herausforderungen nicht mehr gewachsen; an allen Ecken und Enden ihres Lebens nimmt sie Veränderungsbedarf wahr.

Beruflich hat sie sich in einer Führungsfunktion im Controlling einer halböffentlichen Institution gut etabliert, kämpft aber mit immer wiederkehrenden Ängsten vor öffentlichen Präsentationen. Privat sieht sie sich als Alleinerzieherin einem pubertierenden Sohn gegenüber, der alles daran setzt, sich ihrem strengen Erziehungsstil zu entziehen.

Ihr SELF Persönlichkeitsportrait zeigt hohe Erde- und Wasseranteile, wobei sie beide Elemente in einer jeweils sehr unerlösten Form lebt. In den Erdanteilen wurzeln die Ängste vor den öffentlichen Auftritten und die starre Struktur, in die sie ihr Leben presst: jeder Tag ist durchgeplant. Was immer sie tut, macht sie regelmäßig; für Spontaneität bleibt kein Platz. Gerade gegen diese rigide Art revoltiert ihr Sohn. Sie selbst findet keinen Weg zu jenem tiefen Urvertrauen, das in erlösten Erdanteilen steckt.

Die hohen Wasser-Anteile machen Frau Hindernis sehr sensibel, aber auch leicht verletzbar. Anstatt ihr Wasser in einer erlösten Genussfähigkeit zu leben, verdrängt sie untertags möglichst all ihre Bedürfnisse und emotionalen Aufwallungen und tröstet sich dafür abends mit ausgedehntem Frustessen. Die Sehnsucht nach der schlanken Figur ihrer jungen Jahre steht daher nicht nur für ihr Bedürfnis, den Norm-Maßen zu entsprechen, sondern umfasst auch den dringenden Wunsch danach, die täglichen Kontrollverluste loszuwerden.

Ihre persönlichen Beziehungen sind durchwegs instabil, wohl weil sie durch ihre problemorientierte Sicht auf ihr Leben und durch stetes Jammern eine extrem negative Stimmung verbreitet.

Ihr mangelndes inneres Feuer versucht sie, durch Frustkäufe zu kompensieren: Luxuriöse Anschaffungen wie auffallender Ohrschmuck oder glitzernde Abendkleider sollen den fehlenden inneren Glanz ersetzen, was allerdings nicht gelingt. So gerne würde sie ihre innere Königin in der Öffentlichkeit zeigen, unterdrückt aber gleichzeitig all ihre königlichen Regungen. Im Umgang mit Führungskräften verhält sie sich übermäßig devot. Denjenigen gegenüber, die ihr unterstellt sind, äußert sie sich jedoch angriffig und entwertend. Ohne Hilfe von außen kann sie ihr inneres Feuer nicht befreien. Zudem mangelt es ihr an erlösten Luft-Anteilen; die Leichtigkeit des Seins erscheint ihr unerträglich.

Im Coaching gewinnt sie die Einsicht, selbst die Gestalterin ihres Lebens und nicht das Opfer äußerer Lebensumstände zu sein. Diese Erkenntnis verändert ihre Sicht auf jene Situationen, zu denen ihr bisher nur ein problemorientierter Zugang möglich schien. Systematisch geht sie der Frage nach, welche Form von Unterstützung sie in verschiedenen Situationen benötigen würde, um in diesen Momenten lösungsorientiert denken und handeln zu können.

Ihre innere Luft lernt sie zu kultivieren, indem sie sich in einer neutralen, nicht bewertenden, sondern lediglich beschreibenden Sicht auf Menschen oder Situationen übt. Sie versucht, starre Muster zu durchbrechen und auch spontan zu agieren. Statt dem allwöchentlichen Besuch bei der Kosmetikerin dienstags um halb vier geht sie eine Runde spazieren, weil so ein schöner Herbsttag ist. Mit der Zeit fallen ihr zunehmend Momente im Alltag auf, in denen ihr eine genussorientierte alternative Handlungsmöglichkeit offen steht.

Auch der Umgang mit ihrem Sohn entwickelt sich in eine positive Richtung. Sie beginnt, mit ihm um seine Freiräume zu verhandeln – Argument gegen Argument –, anstatt ihm ihre Struktur aufzuzwingen und enge Grenzen zu setzen. Somit provoziert sie weniger Widerstand und lernt seine Kooperationsbereitschaft kennen.

Ihre Ängste allerdings begleiten sie noch immer. Fährt ein Rettungsauto vorbei, denkt sie sofort daran, ihre Mutter könnte im Sterben liegen. Trotzdem hat sie die Ängste mit der Zeit besser im Griff: Sofort nach dem Aufwallen der Furcht tritt ein Kontrollmechanismus in Kraft, der die Wahrscheinlichkeit des Katastrophenszenarios abwägt. Durch diese Form der Selbstkontrolle gelingt es ihr mittlerweile, unterschwellige negative Gefühle im Keim zu ersticken.

Die Leichtigkeit und Luftigkeit, die nun ein wenig durch ihr Privatleben weht, nimmt auch im beruflichen Kontext immer mehr Raum ein. Zwar legt Claudia Hindernis weiterhin viel Wert auf korrekte Abläufe, kann aber abweichende Vorgangsweisen ihrer Mitarbeitenden mittlerweile etwas gelassener sehen. Um sich in der Kunst des lösungsorientierten

Denkens zu schulen, hat sie zu rein privaten Zwecken selbst mit einer Coaching-Ausbildung begonnen.

Durch regelmäßige Übungen zur Entwicklung ihrer inneren Königin nähert sie sich ihren unerlösten Feuer-Anteilen. Sie gewinnt ein neues Bewusstsein für ihre vorhandenen Qualitäten – sie ist eine attraktive und intelligente Frau – und schafft es dadurch immer unverkrampfter, sich vor einem Publikum zu präsentieren. Auch hat sie sich angewöhnt, ihre Wünsche und Bedürfnisse klar, aber respektvoll zu formulieren, anstatt weiterhin durch Jammern und Klagen auf Mitleid zu hoffen. Das Zulassen und Annehmen der eigenen Bedürfnisse vermindert sogar ihre abendlichen Ess-Attacken.

Jene negativen Gedanken und Äußerungen, die ihr Leben bisher dominiert haben, kann sie zunehmend zurückdrängen. Dadurch verbreitet sie eine positivere Stimmung, und die Menschen gehen offener auf sie zu.

4. Fallbeispiel: ▷ Vom langjährigen Partner loslösen

Horst und Anita Ungleich sind seit Jahrzehnten verheiratet und habe zwei mittlerweile erwachsene Kinder. Ins Coaching kommen sie, weil sie immer stärker empfinden, nicht zu einander zu passen. Sie ziehen eine Trennung in Erwägung, möchten aber zuvor alle Möglichkeiten ausschöpfen, um die Partnerschaft zu retten.

Das SELF Persönlichkeitsportrait ergibt, dass sie völlig konträre Typen sind, eine bei Paaren nicht unübliche Konstellation. Bei Horst Ungleich dominieren Feuer und Luft; seine Frau ist von Erde- und Wasser-Qualitäten geprägt. Im beruflichen Kontext haben beide eine individuell passende Wahl getroffen. Während er eine leitende Position bekleidet und als Verkäufer erfolgreich Führungskräfte und Kunden überzeugt, arbeitet seine Frau freiberuflich als Buchhalterin, häufig auch von daheim aus – und kann so flexibel auf die Bedürfnisse ihrer Kinder reagieren. In der Partnerschaft will es ihnen jedoch nicht gelingen, ihre vorhandene Elementkonstellation in erlöster Form zu leben.

Horst Ungleich verfügt über einen übermäßigen und unerlösten Feuer-Anteil, aber auch über rigide Erde. Er definiert, wie das Familienleben abzulaufen hat, wie die Ordnung im gemeinsamen Haus aussehen soll, wie sich seine Frau kleiden muss und wann das Essen auf dem Tisch zu stehen hat. Dabei achtet er in erster Linie auf die Befriedigung seiner Bedürfnisse und stellt sich selten die Frage, wie die übrigen Familienmitglieder sein dominantes Verhalten wohl empfinden mögen.

Seine Luft-Anteile, die er im Job erfolgreich als achtsamer Kommunikationspartner einsetzt, geraten im Privatleben in den Hintergrund. Während er seine Kunden respektvoll behandelt und mit Charme zu überzeugen sucht, zeigt er sich daheim nicht gerade von seiner Schokoladenseite. Er nörgelt, beschimpft seine Frau und kritisiert ihre Art, sich zu kleiden und zu schminken. Das tut er aus reinem Machtstreben. Denn seine Frau ist attraktiv und sehr um ihr Äußeres bemüht. Mit seiner Kritik gelingt es ihm allerdings, ihr Selbstbewusstsein total zu unterwandern. Auch die Kinder leiden unter seiner dominanten und einengenden Art. Um den häuslichen Frieden zu wahren, positioniert sich die Mutter als Puffer zwischen Mann und Kindern und bekommt dadurch noch zusätzliche Stöße ab.

Anita Ungleich hält all diese Unannehmlichkeiten nur deshalb so lange aus, weil sie aus ihren Wasser-Anteilen eine unglaubliche Anpassungsfähigkeit bezieht. Der Friede im Haus erscheint ihr zunächst wichtiger als die Erfüllung der eigenen Wünsche. Eine Einstellung, die sich mit den Jahren rächt, denn sie wird immer unzufriedener und unglücklicher. Auf Wunsch des Mannes lebt die Familie am Land; somit hat Frau Ungleich nur mehr wenig Kontakt zu ihrer Herkunftsfamilie und damit eine wichtige Ressource verloren.

Von Seiten der Großfamilie hat sie im Laufe ihres Lebens allerdings nicht nur Unterstützung erhalten, sondern auch Abwertung erfahren, und zwar durch ihre Großmutter. Diese hatte ihr in jungen Jahren immer wieder erklärt, sie werde nie einen Mann finden. Als ihr Horst Ungleich dann den Hof machte, zögerte sie daher nicht lange und heiratet ihn, ihren ersten festen Partner. Seine Schmähungen erträgt sie nach Jahrzehnten der Ehe noch immer in dem von der Großmutter implantierten Bewusstsein, sie sei ohnehin zu schlecht, um einen guten Mann „abzubekommen". Damit trägt auch sie selbst zur Stabilisierung des unbefriedigenden Systems bei.

Mit den Jahren ihrer Ehe verkümmert ihre innere Königin buchstäblich. Wer sie ist und was sie möchte, zählt nicht. Daher kämpft sie auch im Zuge einer möglicherweise bevorstehenden Scheidung mit sehr ambivalenten Gefühlen: Soll sie lieber als gedemütigte Frau in sicheren Verhältnissen alt werden oder doch einmal etwas wagen – selbst wenn der Ausgang ungewiss ist?

Zu Beginn des Coachings macht sie sich daher daran, ihre innere Königin, also ihre Feuer-Anteile, zu stärken und zu sich und ihren Wünschen zu stehen. Durch ihre hohe Wasser-Qualität verfügt sie über ein sensibles Wesen, droht aber auch, von der Realität in esoterische Welten abzugleiten. Lieber kommuniziert sie mit Engeln, als ihrem Mann verbal klare Grenzen zu setzen. Während er ihr voller Respektlosigkeit und Missachtung begegnet, bleibt sie ihm gegenüber wertschätzend.

Horst Ungleich bemüht sich im Coaching darum, einen respektvollen Zugang zu seiner Frau zu finden. Allerdings bleiben diese Bestrebungen oberflächlich: immer wenn in emotional herausfordernden Situationen an der Patina seiner erlernten respektvollen Haltung gekratzt wird, tritt sein bisheriges Wesen zu Tage.

Erst in der Arbeit mit den vier Elementen wird ihm bewusst, wie anders seine Frau das gemeinsame Leben sieht und wie sehr seine bisherigen

Verhaltenstendenzen sie verletzt haben. Bisher hat er im unerschütterlichen Glauben daran gelebt, für seine Familie das Beste zu wollen – und auch zu wissen, was für die anderen das jeweils Beste sei. Dass er ihnen mit seiner bestimmenden Art die Luft zum Atmen entzogen hat, wird ihm erst in der angeleiteten Reflexion bewusst. Aus seiner Perspektive war die Familie ja perfekt – bis seine Frau sich scheiden lassen wollte.

Im Zuge des Paar-Coachings erhält er erstmals ein ehrliches Feedback von ihr. Er lernt, seine Kommunikationsmuster zu überprüfen, mehr zu fragen als zu sagen und auch einmal Ich-Botschaften zu senden. Sein innerer König muss einen Teil der Macht abgeben.

Im Gegenzug stärkt Anita Ungleich ihre innere Königin und erkennt schließlich, dass sie sich bereits gegen die Fortführung der Beziehung entschieden hat.

Zwar konnte die Ehe durch die Arbeit mit dem SELF Modell der Naturelemente nicht gerettet werden, aber beide Partner haben Erkenntnisse gewonnen, die es ihnen ermöglichen, die Beziehung in Frieden abzuschließen und möglicherweise in einer neuen Partnerschaft den alten Verhaltensmustern zu entkommen.

SICH UND ANDERE BESSER VERSTEHEN

Haben Sie nach der Lektüre dieses Buches das Gefühl, dass in Ihnen mehr Potenzial verborgen liegt, als Sie aktuell verwirklichen können, dann betrachten Sie Ihr Leben in Hinkunft aufmerksam durch die Brille des SELF Modells der Naturelemente. Damit begeben Sie sich auf eine Entdeckungsreise durch Ihre Persönlichkeit.

Sie werden unterwegs Ihre besten Freunde treffen: Ihr Talent, im Gespräch auf andere eingehen zu können, Ihre Gabe, eine Gruppe in angenehmer Atmosphäre zu führen oder Ihre Fähigkeit zu höchster Konzentration. Aber auch ungeliebte alte Bekannte begleiten Sie auf dieser Tour: Ihr Hang zum Perfektionismus, Ihre Angewohnheit, Unangenehmes aufzuschieben oder Probleme totzuschweigen. Erkennen Sie Ihre Stärken und pflegen Sie die Freundschaft mit ihnen! Nehmen Sie sich aber auch der ungeliebten oder unterentwickelten Anteile Ihrer Persönlichkeit an. Sie sind untrennbar mit Ihnen verbunden, können aber noch entfaltet oder transformiert werden. Denn in jeder vermeintlich schlechten Angewohnheit oder charakterlichen Schwäche steckt auch der Keim einer positiven Eigenschaft, den es zu kultivieren gilt. Ihr Perfektionismus beispielsweise enthält die Talente der Genauigkeit und Gewissenhaftigkeit. Wenn Sie auch noch mehr auf die Bedürfnisse anderer achten und Ihrem Bauchgefühl vertrauen, wird Ihre Persönlichkeit ausgeglichener und harmonischer.

Stecken Sie sich neue Ziele: Ich lebe mein Feuer erwachsener, ich achte darauf, nicht ganz in meinen Wasser-Anteilen zu ertrinken oder ich hole bewusst öfter Luft, um nicht von meiner Erde erdrückt zu werden. Dadurch wird sich Ihr Verhalten modifizieren und auch die Art, wie Sie mit anderen in Kontakt treten. Sie werden sehen – auf Ihr neues Auftreten wird auch Ihre Umwelt anders reagieren. Ihr Leben wird in Bewegung geraten.

Haben Sie Ihr Verhalten nach dem SELF Modell der Naturelemente immer wieder kritisch reflektiert und letztlich erfolgreich entwickelt, werden Sie merken, dass Sie plötzlich nicht mehr so sehr mit sich selbst beschäftigt sind. Dadurch werden ungeahnte Energien in Ihnen frei. Sie können sie nutzen, um sich Ihren Mitmenschen zuzuwenden und deren Muster und Verstrickungen zu erkennen. In diesem neuen Bewusstsein beziehen Sie Aggressionen oder Nörgeleien anderer nicht mehr so auf sich persönlich. Sie reagieren wohl überlegt, und in dieser Gelassenheit steckt das Potenzial zur konstruktiven Konfliktlösung.

Denn Glück und Unglück in Beziehungen resultieren letztlich immer aus der Qualität der Kommunikation. Verstehen Sie einander, anstatt nur miteinander zu reden, lösen sich oft langjährige Unstimmigkeiten auf.

Eine entspannte Kommunikation entfaltet ihre Dynamik aber nicht nur im Zwiegespräch, sondern auch in größeren Gruppen. Gerade da bewährt es sich, mit den eigenen Stärken, aber auch Verletzlichkeiten vertraut zu sein: in der Familie, in Teams und in komplexen Organisationen. Kooperationen gelingen oder scheitern wie private Beziehungen durch die Art der Kommunikation. Oft dominiert in Unternehmen das Sachwissen; wie man Beziehungsdynamiken „lesen" und interpretieren kann, muss jedoch erst geübt werden.

Das große Ziel einer „lernenden Organisation", die innere wie äußere Reize jeglicher Art rasch und konstruktiv verarbeiten kann, rückt immer nur in dem Ausmaß näher, in dem die einzelnen Organisationsmitglieder sich ihrer selbst bewusst sind: Welche Erfahrungen prägen mich, wo bin ich leicht angreifbar und wie kann ich meine Potenziale optimal ausschöpfen? Die lernende Organisation beginnt somit beim erkennenden ICH.

Daher beschränkt sich der Nutzen des SELF Modells der Naturelemente – und der Lektüre dieses Buches – nicht auf den Mikrokosmos Ihrer Selbsterkenntnis.

Egal, ob Sie die innerfamiliären Beziehungen verbessern oder einen langjährigen Streit in der Verwandtschaft beilegen möchten, ob Sie die Entwicklung eines Unternehmens vorantreiben wollen, auf Personalsuche sind oder ein neues Team zusammenstellen: Das SELF Modell der Naturelemente liefert Ihnen ein Instrument, das Sie effizient dabei unterstützt, Interaktionen zu analysieren, zu verstehen und dadurch rascher und treffsicher Entscheidungen zu fällen.

Jedes Unternehmen agiert umso erfolgreicher, je deutlicher es die Potenziale der einzelnen Teammitglieder erkennt und je passgenauer es sie ihren Stärken entsprechend einsetzt. Befinden sich die Mitarbeiter in exakt jener Position, die sie optimal ausfüllen können, erhöht das nicht nur die Produktivität des Unternehmens, sondern auch die Arbeitszufriedenheit und senkt dadurch die Personalfluktuation.

Auch Kommunikationsprobleme in Arbeitsgruppen lassen sich anhand des SELF Modells der Naturelemente neu betrachten und besser auflösen. Gruppenleiter können damit ihr eigenes Führungsverhalten reflektieren und ihr Team effizienter motivieren und anleiten. Für Personalabteilungen stellt das SELF Modell der Naturelemente ein Werkzeug zur gezielten Auswahl von Bewerber, aber auch zur optimalen Planung der Personalentwicklung dar.

Egal, wofür Sie das SELF Modell der Naturelemente gerade einsetzen: Leben Sie Ihr Feuer, Ihre Luft, Ihr Wasser und Ihre Erde in erwachsener Form – und finden dabei Ihre persönliche Balance!

Statements zum SELF Modell

„ *Die Elemente Feuer, Luft, Erde und Wasser sind sehr anschaulich und greifbar, die Eigenschaften und Qualitäten gut merkbar. Kein Element ist nur gut oder schlecht, jedes ist auf seine Weise wertvoll. Vermeintliche Schwächen können auch als Stärken gesehen werden. Wenn man ständig ein anderes Element „spielt" oder anstrebt, ist das anstrengend und belastend. SELF ist sehr nachhaltig und verschwindet nicht aus der Erinnerung nach den Workshoptagen. SELF hat meine persönliche Weiterentwicklung außerordentlich unterstützt und hat extrem viel Spaß gemacht.* “

Leiterin Projektmanagement, internationaler Industriekonzern

„ *Teams erfolgreich(er) zu machen, steht in unseren Projekten sehr oft im Mittelpunkt. Wo auch immer die spezifischen Projektschwerpunkte liegen: Es zeigt sich wiederholt, dass individuelle oder teambezogene Change-Prozesse maßgeblichen Einfluss auf das Weiterkommen im Projekt und in letzter Konsequenz auf den Projekterfolg haben. Die Entwicklung einzelner Projektteammitglieder und auch ganzer Teams auf der Basis der SELF-Methode parallel zum inhaltlichen Projektteil haben sich nachhaltig bewährt. In manchen Fällen kann ich auch sagen, dass einige Projekte ohne einen solchen Schritt nicht erfolgreich enden hätten können. Und immer wieder sichtbar wird, dass es Spaß macht, mit dieser Methode – ernsthaft – zu arbeiten und dass die Ergebnisse nachhaltig wirken.* “

Changeberater von Groß- und Mittelunternehmen

„ *Im Spiegel, der dir durch das SELF Modell vorgehalten wird, erkennst du nicht nur dich selbst, sondern findest auch die Erklärung so manchen Verhaltens, das dir von KollegInnen entgegengebracht wird.* “

Geschäftsführer eines IT Dienstleisters

„ *Mir selbst helfen die Archetypen, mich immer wieder zu reflektieren und mich und das Team weiter zu entwickeln. Ob die Arbeit mit den Archetypen Früchte trägt hängt unter anderem davon ab, wie sehr man sich darauf einlässt. Ich konnte davon bislang sehr profitieren und werde diesen Ansatz in Zukunft weiter nutzen.* “

Teamleiter Business Excellence, internationales techn. Unternehmen

„ Die Balance zwischen etwas Für-Etwas-Brennen und Burn Out zu finden (Feuer), Struktur (Erde) zu schätzen und Phasen der Melancholie nicht zu fürchten (Wasser), Empathie zu leben statt in Selbstmitleid davon zu schwimmen (Wasser), mich der Leichtigkeit der Ideenwelt vermehrt zu öffnen ohne dauerhaft abgehoben zu sein (Luft) - das alles gelingt mir viel besser, seit ich mit der Kraft der Elemente arbeite. Obwohl das Pendel manchmal auch noch vermehrt in die eine oder die andere Richtung schwingt, so hat mir doch speziell das Bewusstsein über das Gesetz der Polarität und das Zusammenspiel der Elemente eine neue Lebensqualität beschert. „

Geschäftsführerin eines Unternehmens in der Musikbranche

„ Das SELF-Modell ist ein außergewöhnlicher Ansatz zur Erforschung menschlichen Verhaltens und erlaubt Entwicklungspotenziale zu erkunden. „

RegionalleiterIn eines Beratungsunternehmens im NGO Bereich

„ Durch das Coaching und das SELF Teambild haben wir in unserem Führungskreis besser erkannt, was wir wahrnehmen und was wir eher ausklammern, wenn wir Entscheidungen treffen. Wir waren wirklich erschüttert, dass die Analyse, wie wir uns bei den letzten Entscheidungen von Projekten oder Maßnahmen verhalten haben, mehr unserer Eigendynamik entsprach, als dem, was zielführend ist. – Wir arbeiten nun daran, wirklich darauf zu achten, allen Sichtweisen Raum zu geben und uns nicht in unseren Wahrnehmungs-, Verhaltens- und Beziehungsdynamiken zu verstricken. „

Eigentümer eines internationalen technischen Unternehmens

„ Das SELF Modell und der damit verbundene Coachingprozess hat uns unterstützt auch in einem sehr multikulturellen Kontext eine gemeinsame Sprache für Unterschiedlichkeit zu schaffen und die Kommunikation anzuregen. „

Personalleiterin, internationales Produktionsunternehmen

„ Die zum Teil sehr überraschenden Erkenntnisse bilden eine fundierte Grundlage zur Reflexion über das eigene Verhalten und unsere Unternehmenskultur. Diese Einsichten erleichtern es, die Entwicklung unseres Teams und der einzelnen Mitarbeiter gezielt voranzutreiben. „

Geschäftsführer, internationaler Industriebetrieb

„ Das SELF Modell ist ein echtes „Werkzeug" für jede Führungskraft, die keine Angst vor Selbstreflexion und Weiterentwicklung hat. – So, if you are game enough, work with it! „

Top Managerin eines mittelständischen Unternehmens

Weiterführende Literatur

Günther Mohr: Coaching und Selbstcoaching mit Transaktionsanalyse, Verlag Andreas Kohlhage, 2008

Seiwert, Lothar J. u. Gay, Friedbert: Das 1x1 der Persönlichkeit, 6. Auflage, GABAL, Offenbach, 2000

Michael J. Gelb: Das Leonardo Prinzip. Sieben Schritte zum Erfolg, VGS 1998

Reinhard K. Sprenger: Das Prinzip Selbstverantwortung. Wege zur Motivation. 4 Auflage 1996

Verena Kast: Die Dynamik der Symbole, 7. Auflage, Walter Verlag, 2010

Stephen R. Covey: Die effektive Führungspersönlichkeit. Management by principles. Campus, 2 Auflage 1997 bzw. neuere Auflagen

Rudolf Treumann: Die Elemente, DTV, Feber 1997

Paul Watzlawick: Die erfundene Wirklichkeit: Wie wissen wir, was wir zu wissen glauben? 4. Auflage, Piper, Juli 2008

Hendrich Fritz: Die vier Energien des Führens: Menschenführung mit der Kraft der Elemente, Signum Verlag, 1999

Eberhard Stahl: Dynamik in Gruppen. Handbuch der Gruppenleitung. 1. Auflage, BeltzPVU, 2002

Fritz B. Simon: Einführung in Systemtheorie und Konstruktivismus, 3. Auflage, Carl-Auer-Systeme, April 2007

Rebecca Wild: Freiheit und Grenzen – Liebe und Respekt, 1 Auflage, Freiamt, 1998

Mathias Lauterbach: Gesundheitscoaching. Strategien und Methoden für Fitness und Lebensbalance im Beruf. 1. Auflage 2005

Silvia Kéré Wellensiek: Handbuch integrales Coaching, Beltz Verlag, 2010

Klaus Mücke: Hilf Dir selbst und werde, was Du bist, 1 Auflage, Klaus Mücke ÖkoSysteme Verlag Potsdam, 2004

John M.Oldham, Lois B. Morris: Ihr Persönlichkeitsportrait, 3 Auflage, Verlag Dietmar Klotz, 2007

Arist von Schlippe, Jochen Schweitzer: Lehrbuch der systemischen Therapie und Beratung, Vandenhoeck&Ruprecht Auflage 6, 1999

Steve de Shazer (Autor), Yvonne Dolan (Autor), Astrid Hildenbrand (Übersetzer): Mehr als ein Wunder: Lösungsfokussierte Kurztherapie heute, 1 Auflage, Carl-Auer-Systeme, März 2008

Daniel Ofman: Hallo, ich da...?! Entdecke deine Kernqualitäten mit dem Kernquadrat, deBoom Verlag, 2009

Friedemann Schulz von Thun: Miteinander reden 1-3: Störungen und Klärungen. Allgemeine Psychologie der Kommunikation. Stile, Werte und Persönlichkeitsentwicklung. Differentielle ... Kommunikation, Person, Situation, Rowohlt Tb., Oktober 2008

Hamid Peseschkian, Connie Voigt: Psychovampire. Über den positiven Umgang mit Energieräubern. Orell Füssli Verlag, 2009

Bernd Schmid, Ingeborg Weidner: Systemisches Coaching: Konzepte und Vorgehensweisen in der Persönlichkeitsberatung, Edition Humanistische Psychologie – Ehp, Juni 2004

PAYER UND PARTNER COACHING COMPANY

P. + P. Unternehmensberatung GmbH
Homepage: www.payerundpartner.at
E-Mail: office@payerundpartner.at